历史的丰碑丛书

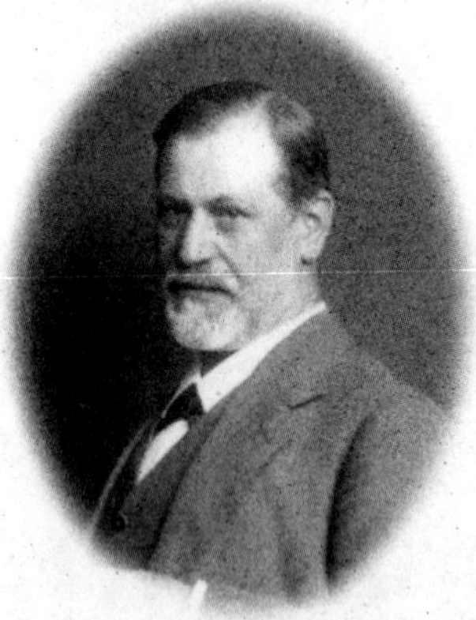

思想家卷

人类心灵的洞察者
弗洛伊德

葛鲁嘉 陈若莉 编著

吉林人民出版社

图书在版编目(CIP)数据

人类心灵的洞察者——弗洛伊德 / 葛鲁嘉, 陈若莉编著. -- 长春: 吉林人民出版社, 2011.4(2021.8 重印)
(历史的丰碑丛书)
ISBN 978-7-206-07604-6

Ⅰ.①人… Ⅱ.①葛…②陈… Ⅲ.①弗洛伊德, S.(1856~1939)－生平事迹－青年读物②弗洛伊德, S.(1856~1939)－生平事迹－少年读物 Ⅳ.①K835.215.1-49

中国版本图书馆 CIP 数据核字(2011)第 038184 号

人类心灵的洞察者 弗洛伊德
RENLEI XINLING DE DONGCHAZHE FULUOYIDE

编　　著：葛鲁嘉　陈若莉
责任编辑：刘　涵　　　　　封面设计：孙浩瀚
制　　作：吉林人民出版社图文设计印务中心
吉林人民出版社出版 发行（长春市人民大街7548号 邮政编码:130022）
印　　刷：北京一鑫印务有限责任公司
开　　本：787mm×1092mm　1/16
印　　张：8　　　　　　　　字　　数：72千字
标准书号：ISBN 978-7-206-07604-6
版　　次：2011年4月第1版　印　　次：2021年8月第2次印刷
定　　价：35.00元

如发现印装质量问题，影响阅读，请与出版社联系调换。

编者的话

"欲知大道，必先为史"。

回溯人类的足迹，人们首先看到的总是那些在其各自背景和时点上标志着社会高度和进步里程的伟大人物。他们是历史的丰碑，是后世之鉴。

黑格尔说："无疑，一个时代的杰出个人是特性，一般说来，就反映了这个时代的总的精神。"普希金说："跟随伟大人物的思想是一门引人入胜的科学。"

以史为鉴，面向未来。作为21世纪的继往开来者，我们觉得，在知史基础上具有宽广的知识结构、开阔的胸襟和敏锐的洞察力应是首要的素质要求，而在历史的大背景

◆ 历史的丰碑丛书

中追寻丰碑人物的思想、风范和足迹，应是知史的捷径。

考虑到现代人时间的宝贵，我们期盼以尽量精短的篇幅容纳尽量丰富的信息，展现尽量宏大的历史画卷和历史规律。为此，我们编撰了这套丛书。

编撰丛书的过程，也是纵览历代风云、伴随伟人心路、吸收历史营养的过程。沉心于书页，我们随处感受着各历史时期伟大人物所体现的推动历史进步的人类征服力量。我们随着伟人命运及事业的坎坷与辉煌而悲喜，为他们思想的深邃精湛、行为的大气脱俗而会意感慨、拍案叫绝。

然而，在思想开始远游和精神获得享受的同时，我们也随之感受到历史脚步的沉重

编者的话

和历史过程的曲折。社会每前进一步都是艰难的，都伴随着巨大的痛苦和付出。历史的伟大在于它最终走向进步，最终在血污中诞生了鲜活的"婴孩"。

历史有继承性和局限性，不能凭空创造。伟人也有血肉，他们的思想、行为因此注定了同样具有历史的局限性和阶级的、时代的烙印；他们的功业建立于千千万万广大人民群众伟大创造的基础上。历史是人民群众创造的，伟大的人物们是历史和时代造就的。同时，我们也无法否定此间他们个人的努力。这也正是我们编撰这套丛书的目的。

我们期盼着这套丛书得到社会的认同，对读者，特别是青少年读者之历史感、成就感和使命感的培养有所裨益。史海浩瀚，群

◆ 历史的丰碑丛书

星璀璨。我们以对广大青少年读者负责的精神，精心遴选，以助力青少年成长进步，集结出版了《历史的丰碑》系列丛书，敬请读者批评、指正。

历史的丰碑丛书

编 委 会

策 划：胡维革　吴铁光
　　　　林　巍　冯子龙

主　编：胡维革　邢万生

副主编：贾淑文　谷艳秋

编　委：（按姓氏笔画为序）
　　　　于二辉　刘士琳
　　　　刘文辉　孙建军
　　　　李艳萍　吴兰萍
　　　　杨九屹　隋　军

弗洛伊德是20世纪名扬四海的心理学大师，他所开创的精神分析学说也已成为造福于人类的宝贵精神遗产。弗洛伊德去世前，曾处理掉了许多属于他私有的东西，以免后人窥探他不愿透露的个人经历。他在为自己所写的自传中，曾明确地指出，他的生活经历和精神分析的历史是密切相关的，甚至精神分析就是他生活的全部内容，除此之外或与此相比，他并没有其他更有意义的个人经历。然而，正是弗洛伊德创立的精神分析学说，使他成为毁誉参半的人物。崇信者对他顶礼膜拜，反对者对他嗤之以鼻。有人把他看作是人类最伟大的思想家，是人类命运最明智的导航者；也有人把他看作是诱使人类堕落的色欲狂，是虚构人类本性的招摇者。这都使后人很难看清弗洛伊德的真实面目。在本书中，我们将走入弗洛伊德的生活之中，并将随着弗洛伊德的思想走入人类心灵的深处。

目　录

家庭教养　　　　　◎ 001

投身医学　　　　　◎ 013

恋爱成家　　　　　◎ 026

行医立业　　　　　◎ 037

创立学说　　　　　◎ 055

形成学派　　　　　◎ 071

生命余晖　　　　　◎ 086

思想震荡　　　　　◎ 100

历史的丰碑丛书

家庭教养

> 任何一个伟人，首先都是一个凡人。
> ——作者题记

1856年5月6日，西格蒙德·弗洛伊德出生于奥地利所属的摩拉维亚的一个小城镇弗莱堡。父亲名为雅格布·弗洛伊德，是个经营毛织品的商人。母亲名为阿玛丽亚·弗洛伊德，是位美丽聪慧的女性。雅格布在与阿玛丽亚结婚之前，曾经有过两次婚姻。他与第一任妻子生下了大儿子伊曼努尔，他与第二任妻子生下了二儿子菲利浦，他与第三任妻子结婚后，生的第一个孩子就是弗洛伊德。随后，弗洛伊德又陆续有了5个妹妹和2个弟弟。由于经商陷入困境和逃避服兵役，他们一家于1859年迁到了莱比锡，1860年又移居于维也纳。当时弗洛伊德仅4岁。此后，他就是在维也纳长大的。

弗洛伊德出生在犹太人世家，拥有犹太人血统，这对他的成长产生了十分重要的影响。他在《自传》

中谈道："我父母都是犹太人，我自己至今仍然是个犹太人。我有理由相信，我父亲的家族曾经在莱茵河畔（科隆附近）长期定居。由于14世纪或15世纪期间对犹太人的迫害，他们向东逃难。19世纪期间，他们又从立陶宛经加里西亚迁回到德属奥地利。"当然，与其说是犹太人特有的习俗和宗教，不如说是犹太人身受的歧视和压迫，激励了弗洛伊德奋发图强的志气和独立自主的精神。

犹太人一直饱受失落家园和颠沛流离之苦。在当时的德国和奥地利，犹太人处于社会的底层，备尝社会的种种不公正的排斥和打击，特别是经常受到反犹主义势力的侮辱和残害。这种阴影一直笼罩着弗洛伊德的生活。甚至在他晚年成名之后，也不得不流亡英

← 二战中纳粹的犹太人集中营

国，以逃避希特勒灭绝犹太种族的暴行。

  弗洛伊德的成长就处在这种反犹主义的威胁之中。但是，这不仅没有使弗洛伊德放弃奋斗和低头屈服，反而极大地燃烧起了他抗争和进取的怒火。他曾经回忆过他少年时代的一件小事，表露了他迎击挑战和自强不息的高远志向。大约是在10岁或12岁的时候，弗洛伊德开始经常跟随他父亲一起去散步，父亲常在散步闲谈中表达对这个世界的看法。在一次散步的时候，父亲讲了一件事情，借以说明现在比他所经历过的那个时代好多了。他说："当我年轻的时候，有一个星期六，我在你的出生地的大街上散步。我穿得很讲究，头上还戴着一顶新皮帽。一位基督徒走到我跟前，打了我一顿，把我的帽子打落在地上。他喊道：'犹太鬼！滚出人行道！'"弗洛伊德听后，问道："你当时怎样做的？"他父亲静静地回答说："我走到马路上，捡起了我的帽子。"这对弗洛伊德来说是一个沉重的打击，他没有想到，高大健壮的、牵着小孩子的父亲竟做出这样毫无骨气的事情。他把这种状况同很合他胃口的另一件事加以对照，那就是汉尼拔的父亲在祭坛前让他的儿子发誓要对罗马人复仇的动人场面。自那以后，汉尼拔就在弗洛伊德的幻想中占据了一个应有的位置。古代迦太基名将汉尼拔是弗洛伊德从小就敬

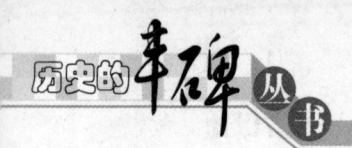

仰的英雄。因为正是历史上的这位英雄，率领着强大的军队，翻越阿尔卑斯山，打败了歧视和压迫犹太人的古罗马人。对汉尼拔的崇拜，不仅表明了弗洛伊德对作为犹太人的命运的抗争，也表达了他想成为改造现实的英雄的理想。

←卢浮宫的汉尼拔雕像

弗洛伊德后来曾多次谈起，犹太人的血统使他继承了祖先保卫自己的神圣存在的激情。同时，也使他在遭受排挤时培养出了依赖自己的独立品格。这些对于他后来的发展都是十分重要的。一些研究者均认为，弗洛伊德最为显著的人格特征，就是追求真理的热情和坚持己见的勇气。他没有任何可以依赖的资本，也没有任何可以依附的势力，他只有靠真理和勇气。正是依靠于此，弗洛伊德才开创了精神分析的事业。在国外，他与爱因斯坦和马克思一起，被称为现时代3位最伟大的犹太裔思想家。他们均对人

类文明作出了无与伦比的贡献。

  弗洛伊德早期的成长，与他的父母有直接的关系。他本人在回忆童年生活时也常常谈起，他的父母影响到了他的性格的形成。他也许从来没有想到过，他所开创的精神分析，也被后来人用于分析过他早年与父母的关系。

  弗洛伊德的父亲雅格布是一个诚实单纯、心地善良、平淡无奇的人。10岁以前，弗洛伊德都是在家里接受教育。从离开母亲的怀抱后，父亲就承担着对他的教育责任。父亲的文化水平并不高，他教授给弗洛伊德的主要是来自犹太教法典的宗教知识和来自犹太教习俗的生活经验。弗洛伊德的性格有一个非常突出的特征，就是喜欢单纯，讨厌烦琐。这不仅来自他父亲的诚实单纯的性格的影响，而且来自犹太教徒十分简朴的生活。单纯的性格既体现在弗洛伊德的日常生活中，也体现在他的研究工作中。在生活起居上，他一共只有3套衣服、3双鞋子、3套内衣。就是外出度长假，他的行李也往往是简单到不能再简单的程度。在研究工作中，他酷爱把复杂多样的现象和眼花缭乱的变化都把握为简单的规律。

  父亲并不像母亲那样溺爱和偏袒弗洛伊德。所以，在弗洛伊德看来，父亲是比较现实和严格的。后来的

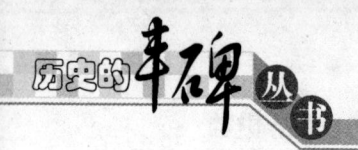

某些精神分析学者认为，弗洛伊德小的时候，就试图反抗父亲的权威和蔑视父亲的平庸。曾经有这样一件事，弗洛伊德七八岁时，故意到他父母的卧室里小便，他的父亲怒气冲冲，大发雷霆："这孩子绝不会有什么出息！"弗洛伊德后来回忆说，这对他的抱负是很大的打击，后来曾一再出现在他的梦中，并总是伴随着列举自己的成功，好像在说："你睁眼看看吧，我已经作出了成绩。"在弗洛伊德的内心，深藏着对权威的反叛和以权威而自居，据分析都同他与父亲的关系相关联。

　　弗洛伊德的母亲阿玛丽亚是位聪明、慈善的女性。她十分宠爱和赞赏弗洛伊德，弗洛伊德也十分依恋和尊敬他的母亲。他后来曾提到，他的自信和乐观，在很大程度上是来自他的母亲。弗洛伊德的父亲于1896年就去世了，他一直与母亲生活在一起，直到1930年他母亲以九十多岁的高龄去世。

← 弗洛伊德

人类心灵的洞察者　**弗洛伊德**

　　弗洛伊德是他母亲的长子。他刚出生时，长着一头黑发，母亲给他起了一个绰号叫"小黑鬼"。母亲非常喜欢他，格外照顾他，允许他凌驾于弟妹之上，并对他寄予了很大的希望，相信他在事业上能有所成就。她常说，弗洛伊德将会成为一个"大人物"。

　　母亲的保护、照顾、爱抚、赞许，使弗洛伊德拥有了一个突出的性格特征，那就是自信。尽管弗洛伊德有许多弟妹，但他在家中却有宠儿的地位，家里总是为他的发展创造条件。其他人的房间用烛光照明，唯独弗洛伊德的卧室点着一盏汽灯。他的母亲喜欢音乐，曾让弗洛伊德8岁的妹妹学弹钢琴。虽然钢琴离弗洛伊德的居室有一段距离，但琴声仍然打扰了他的学习。在他的坚决要求下，终于搬走了钢琴。从此，家里再没有人受到过音乐教育。这件小事说明，弗洛伊德在他母亲心中的地位，以及他的学习在家中受到的重视。弗洛伊德后来曾谈道："一个为母亲所特别钟爱的孩子，一生都有身为征服者的感觉。由于这种成功的自信，往往可以导致真正的成功。"当然，对母爱的依恋，也使弗洛伊德的性格有着另外一面，也即害怕失去宠爱和崇拜。这影响到了弗洛伊德与他人的关系，对别人能否给予他母亲般的宠爱和赞许过于敏感，他本人也缺乏对他人的热情和亲密。

弗洛伊德从小就表现出了过人的聪明才智和学习的刻苦努力。在9岁的时候,他以优异的成绩通过了中学入学考试,比要求的年龄提早一年进入中学学习。他所上的中学与一般的中学不同,它是8年一贯制,包括了中学的全部课程和大学预科的基本知识。弗洛伊德是个才华出众的学生,从入学到毕业,他都是优秀学生。正如他自己在《自传》中所说:"在中学时,我连续7年在班里名列前茅,所以享受了许多特权,得以被保送到大学里就读。"

在中学时期,弗洛伊德勤奋好学,兴趣广泛,善于钻研,独立思考。读书和思考几乎成了他学习生活的全部内容。读书对于他是一种乐趣,而不是一种负担。思考对于他也是一种喜好,而不是一种强迫。他不仅认真地学好所有的功课,而且广泛

← 幼年的弗洛伊德和父亲雅格布

→ 莎士比亚作品《少年维特之烦恼》

涉猎课外读物。他从不满足课本中的内容，而是以课本的内容为线索，更全面和更深入地探索相关的问题。他从不满足于教师所留的作业，而是喜欢做更多的练习，特别愿意解析难题。

弗洛伊德对文学很感兴趣，读了大量的文学作品。他特别推崇莎士比亚和歌德。他从8岁起就开始阅读莎士比亚的作品，后来曾读遍了莎士比亚的著作。有人认为，弗洛伊德简直就是一个"莎士比亚癖"。每当阅读莎士比亚的作品时，他总是摘引其中最精彩的部分，并加以背诵。他特别景仰莎士比亚对人生的深刻理解和精湛表述。弗洛伊德也喜欢阅读歌德的诗歌、小说和戏剧。他经常诵读歌德的诗歌，也曾熟读《浮士德》《少年维特之烦恼》等，从中获取了许多重要的启迪。

在语言的学习方面，弗洛伊德具有非凡的天分。他除了熟悉自己祖先的语言希伯来语，精通拉丁语和希腊语，熟练地掌握法语和英语，还自学了意大利语和西班牙语。这为他扩大视野和吸取知识创造了条件。

← 维也纳大学

相关链接

解读《癔症研究》

1895年，弗洛伊德出版了《癔症研究》一书。这本书为他此后提出的情绪学说打下了基础。弗洛伊德发现，癔症患者在某些精神创伤发生之后，癔症症状可以得到缓解。在这本书里还有这样一个典型的案例：一个名叫安娜的女青年在护理患病的父亲并经历父亲亡故的不幸之后，出现了癔症症状：一只胳膊和部分颈肌麻痹，以致影响吞咽反应。经过催眠治疗后，所有这些症状都消失了。弗洛伊德认为，这些病症是病人过去经历的痛苦情绪在记忆中被压抑或以往的结果，癔症症状就是这种被压抑的情绪被隐藏的象征。弗洛伊德认为，只要把这种强烈被压抑的情绪显现出来，症状就能够被排除。他把这一情绪释放的过程，成为宣泄（catharsis）。宣泄可以在催眠状态下对病人进行暗示的过程中实现。

其后弗洛伊德发现，有些病人不能被催眠。他转而采用自由联想的方法，让病人去辨认记忆中的压抑情绪。治疗的目的是用言语的判断代替宣泄去揭开这种压抑。因为，人们遭到压抑的感情，可以以其他表达内部心理活动的方式，如语言表现出来，从而同样可以达到释放的目的。于是，弗洛伊德采用自由联想的方法，专心研究这些转换的机制，从而建立起今天尽人皆知的"精神分析"理论。

葡萄牙语版的《性学三论》

癔症又称为歇斯底里，是hys-teria的译音。由明显的精神因素，如生活事件、内心冲突或情绪激动、暗示或自我暗示等而引起的一组疾病，表现为急起的短暂的精神障碍、身体障碍（包括感觉、运动和自主神经功能紊乱），这些障碍没有器质性基础。病因主要是心理因素及遗传，但如情感丰富、暗示性强、自我中心、富于幻想等具有癔症性格特点的人是癔症的易患因素。

投身医学

> 对科学的广泛涉猎是徒劳无功的,每个人只能学到他所能学的东西。
> ——《浮士德》中魔鬼的告诫

在上中学的时候,弗洛伊德对未来的职业有过一些梦想。他崇拜过汉尼拔、拿破仑等军事统帅,曾一度非常喜欢军事,幻想过自己长大后能成为一名将军。1870年,弗洛伊德14岁,普法战争爆发。他对这场战争兴趣浓厚,密切关注着战局的发展。据他的妹妹回忆,战争期间,弗洛伊德在书桌上摆放了一张大地图,并以小旗做标志,表示战争的进展情况。他滔滔不绝地向妹妹讲解战争的进程,并说明各场战斗的意义。但是后来,弗洛伊德从军的念头渐渐地淡了。他23岁时曾应征入伍,可早就丝毫没有了小时的那种热情。

弗洛伊德也有过从政的愿望,曾认真地考虑过上大学学习法律,梦想成为一名政治领袖。有研究者认为,无论弗洛伊德是想从军,还是想从政,都是他试图改变人类历史和人类命运的抱负的连贯的体现。弗洛伊德在《自传》中谈道，他想学习法律，是受到了他中学时的一位同学的影响。这位同学名叫海因里希·布劳恩。弗洛伊德与他是形影不离的朋友，下课后的时光，他们总是在一起度过。布劳恩立志做著名的政治家，他后来成为德国最主要的社会主义者之一。在他的影响下，弗洛伊德也决定进大学学习法律和参加社会活动。只是在临上大学的最后时刻，才改变了主意。

1873年，弗洛伊德17岁的时候，以全优的成绩从中学毕业。父亲为了奖励他，答应他可以到英国旅行一次。可在职业选择上，父亲认为弗洛伊德应完全根据自己的爱好来选择职业。临毕业时，是达尔文的进化论和歌德赞颂自然的散文，使他最后决定进维也纳大学医学院学医。当时，达尔文的生物进化论是人们最为热门的话题，它使人们对世界的了解取得了巨大的进展，这强烈地吸

←青年弗洛伊德

引着年轻的弗洛伊德。歌德的作品常常滋润着弗洛伊德饥渴的心灵。中学毕业前夕,他聆听了卡尔·布鲁尔教授的讲演,听教授朗诵了歌德对大自然的颂歌。这深深打动了弗洛伊德探索自然奥秘的跃然之心。尽管他终于下决心学医,但他在《自传》中还是认为,无论在当时还是在后来,他都没有对医生的职业有过什么特殊的偏爱。准确地说来,他学医的真正驱动力,在于对人类本身的关心。这使他后来创立的学说并没有局限于医学的领域。

进入维也纳大学医学院之后,弗洛伊德开始了新的学习生活,步入了学术研究的道路。在大学的最初一段时间里,弗洛伊德经历了两个方面重要的心灵磨炼。首先,因为他是犹太人,所以总是被一些人看作是外人,是低人一等的人,这使他感到总是处在大多数人的对立面。弗洛伊德为此而愤愤不平,他充满怒火地说:"我绝对不承认我是劣等人,我一直不懂为什么我一定要为我的血统或种族而感到耻辱。"弗洛伊德也为此而觉得庆幸,认为这培养了自己独立自主的品性。其次,因为弗洛伊德的学习兴趣十分广泛,所以他曾急切地希望在各个感兴趣的科学领域中都获得成功。但是,在大学的头几年里,弗洛伊德终于认识到了,自己的能力是有限的,自己的才能也是有独特之

←《浮士德》中的梅菲斯特

处的。他必须寻找自己在科学大观园中的皈依。他在《自传》中引用了《浮士德》中魔鬼梅菲斯特的告诫："对科学的广泛涉猎是徒劳无功的，每个人只能学到他所能学的东西。"

维也纳大学具有悠久的历史传统和优良的学术风气。弗洛伊德在这里开始广泛地汲取各种知识。他学习踏踏实实，善于独立思考。对每门功课，不论是否爱好，都务求精通。他常常不满足于一般的学习深度和广度，而是给自己提出更高的要求。例如，他并不满足于为医学专业学生开设的动物学课程，还去听为动物学专业学生开设的动物学课程。这使他学到了更

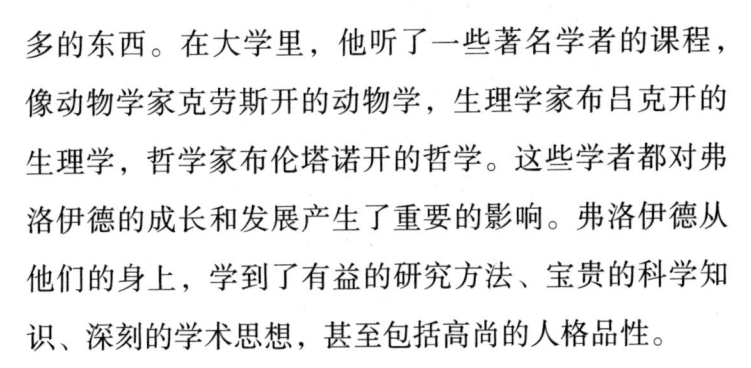

多的东西。在大学里，他听了一些著名学者的课程，像动物学家克劳斯开的动物学，生理学家布吕克开的生理学，哲学家布伦塔诺开的哲学。这些学者都对弗洛伊德的成长和发展产生了重要的影响。弗洛伊德从他们的身上，学到了有益的研究方法、宝贵的科学知识、深刻的学术思想，甚至包括高尚的人格品性。

大学二年级，弗洛伊德显示出了对生物学的爱好，他把大量的时间用在动物学、解剖学和生理学上。同样是在大学二年级，他开始从事一系列的基础研究工作。这是由卡尔·克劳斯教授最早建议和安排的。克劳斯教授于1875年在底里雅斯特建立了世界上第一所动物实验站。他提出，每年从维也纳大学选派一批优秀学生到该动物实验站实习两次，每次数周时间。弗洛伊德就是他批准前去实习的第一批优秀学生中的一个。

当时，弗洛伊德研究的第一个课题是关于鳝鱼的性腺结构。此前，还没有人见过性成熟的雄性鳝鱼，也没有人见过雄性鳝鱼的睾丸，因为鳝鱼在性成熟之前就迁徙出海了。弗洛伊德在实验室里解剖了四百多条鳝鱼，在显微镜下发现了一种小叶状的性腺结构，他认为这就是鳝鱼未成熟的睾丸。该发现朝着了解鳝鱼性腺结构的方向跨进了一步。这是弗洛伊德最初从事科学研究获取的成果，开始显露了他出色的学术才华。

到动物实验站的两次实习回来之后，弗洛伊德又进入了由恩斯特·布吕克领导的生理研究所。从1876年到1882年，除了几次短暂的间断，弗洛伊德一直在这个研究所中学习和工作。这成为他求学过程中的一个重要的转折，也是他生命历程中的一段重要的时期。首先，他在生理研究所中确定了自己学术活动的方向。他改变了初入大学时无所不学的广泛涉猎，而开始专注于一项工作或一项课题，集中精力进行不懈的探索。他选定了对神经系统的解剖学和生理学的研究，以此作为自己的专业目标，这是他后来探索人类精神活动的科学事业起飞之处。其次，他受到了著名生理学家布吕克的赏识。无论是在思想上还是在人品上，布吕克都对弗洛伊德的人

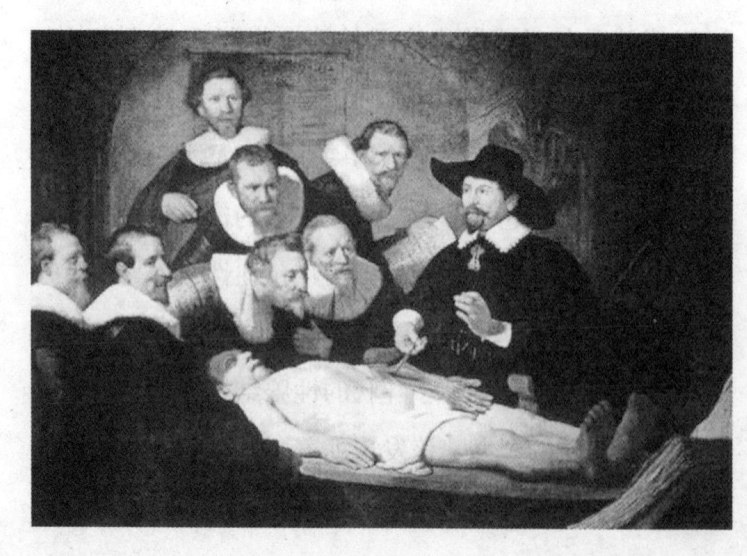

← 杜普教授的解剖课

生和事业产生了重要的影响。

布吕克身材矮小，学问精深，治学严谨，为人正直。他在生理学的研究中，反对活力论的观点，而贯彻物理主义的观点。活力论主张生命体包含着不同于其他无机物的力，物理主义则认为，有机体内除一般物理化学的力在起作用外，并没有其他的力，这影响到了弗洛伊德后来对心理能量的说明。布吕克身上体现出的矢志不移、勤奋踏实的优秀品质，也在不断地感染着弗洛伊德，使他日益具备了攀登学术高峰的必备素质。弗洛伊德在《自传》中这样谈起了他的这段经历："在恩斯特·布吕克的生理研究所里，我才找到了归宿和充分的满足，同时，也找到了我应该尊敬并可奉为楷模的人。"

在生理研究所中，弗洛伊德承担了科研课题，取得了相当引人注目的成果。初入研究所时，布吕克根据弗洛伊德的特殊才能，为他指定了一个题目，即神经细胞的组织学研究。研究是通过了解低等脊椎动物八目鳝鱼的脊髓，来考察神经元的内在结构，探讨低等动物构成神经系统的神经细胞与高等动物构成神经系统的神经细胞的差别。长期以来，人们一直认为，鱼类的脊髓神经节是双极的（具有两个突起部），而高等动物的脊髓神经节是单极的。弗洛伊德通过研究，

←弗洛伊德出生地

成功地推翻了这个错误的结论。他认为，八目鳝的神经细胞表明了从单级到双极细胞的整个过渡过程，这证实了低等动物与高等动物的神经系统是一个有连续性的系列。弗洛伊德的研究获得了成功。1878年，布吕克让弗洛伊德在奥地利科学院宣读了他的实验报告，紧接着长达86页的论文发表在了生理学学报上，整个研究得到了许多专家的赞赏。这对于一个在校大学生来说，的确是个了不起的成果。

随后，弗洛伊德又独立地推进了这方面的研究，他自己选择了研究蜊蛄的神经细胞。他着手改进实验的技术和方法，在研究中采用了当时最先进的技术，即用显微镜直接观察活组织。他的研究成果陆续发表在《蝲蛄的神经纤维及神经细胞的构造》《神经系统诸要素的构造》等论文中，论证了神经元是神经系统的基本要素，也是神经纤维的基本结构。

1879年，弗洛伊德应征入伍。当时，为了对抗俄国在巴尔干半岛的扩张，德奥两国缔结了军事同盟条约，两国实际上成了一个大军营。任何适龄青年，不论是否工作或是否在校读书，都要参军服役。对弗洛伊德来说，这段时间十分无聊乏味，为了消磨时光，他发挥了自己的语言才能，动手搞了一些翻译。通过翻译，他接触到了柏拉图的哲学，这影响到了弗洛伊德后来的思想。

由于参加科学研究和应征入伍服役，弗洛伊德一

→奥地利军队

←柏拉图哲学曾影响弗洛伊德后来的思想

度放松了对医学课程的学习,直到1881年,他才以优异的成绩,结束了在维也纳大学医学院的8年学习生活,获得了医学博士学位。他的父母等人参加了他的毕业典礼。毕业后,弗洛伊德又面临着人生和事业的重大转折。

相关链接

弗洛伊德的人格结构理论

弗洛伊德的人格结构理论包括了本我、自我、超我这三个层次。

本我,也就是原我,即原始的自己,是人格结构中最原始的部分,从出生之日起即已存在。构成本我的成分是人类的基本需求,如饥、渴、性三者均属之。本我对应的精神层次是潜意识。它包括了生存所需的基本欲望、冲动和生命力,因此,它是一切心理能量之源。本我按照快乐原则行事,它不理会社会道德、外在的行为规范,它唯一的要求是获得快乐、避免痛苦。本我的目标乃是求得个体的舒适、生存及繁殖。因此,它是无意识的,不被个体所觉察的,是我们的人格中隐秘的、不易接近的部分,是人类个体与生俱来、先天存在的各种本能、欲望的综合。它所遵循的是"唯乐原则"。

因为弗洛伊德的本我概念是被后世质疑批判得最多的,所以,在这里也特别说明一下。众所周知，弗洛伊德是个唯性论者，贯穿他整个精神分析学的轴线就是里比多（即性动力或性能量）。所以他提出的里比多最原始地集中起来的本我概念，一直都受到后世精神分析学家们的批判。比如在拉康的镜像理论中，弗氏所说的这个本我根本就不存在。

自我，是个体出生后，在现实环境中由本我中分化发展而产生的，其德文原意指"自己"，即自己可意识到的执行思考、感觉、判断或记忆的部分，对应的精神层次是下意识。个体在其成长过程中，部分本我由于接触现实，转而分化为一种有组织、有个性的感性人格系统。而自我，就是个体人格中的一种持续的聚合作用，它随着个人的生存和心理活动的发展才逐渐发生的。因为无意识结构部分的本我不能直接接触现实世界，为了促进个体与现实世界的交互作用，则必须通过自我来进行调节。自我遵循的是"现实原则"，是本我与外部世界的终结，能够参考现实来调节伊底，现实地接触个体的紧张状态，以此满足其欲望，帮助伊底最终合理获得快乐的满足。

超我，是人格结构中代表理想的部分，是自

我的一个高级存在，其对应的精神层次是意识。它是个体在成长过程中通过内化道德规范，内化社会及文化环境的价值观念而形成的。其主要机能是监督、批判及管束自己的行为。其特点是追求完美，遵循"道德原则"。超我与本我一样，都是非现实的，也包括了很多无意识的成分。不过，跟本我最大的区别是，本我的无意识是来自里比多的构成，而超我则来自社会，也就是后世精神分析学中所谓的"他者"，它要求自我按社会可接受的方式去满足本我，是一种理想化、道德化的人格。这其实与中国宋明理学中所提倡的"去人欲、存天理"的道德人格有着异曲同工之处。

在通常情况下，本我、自我和超我是处于协调平衡的状态，从而保证了人格的正常发展。但如果三者失调乃至破坏，就会产生神经病，危及人格的发展。比如自我控制不了本我的冲动，从而让本我对超我发起进攻，其外在的表现即是道德沦丧、精神失常、言行放浪。因此，弗洛伊德的这个人格结构理论对后世的变态心理学、犯罪心理学等的新兴与发展都产生显著的影响。

恋爱成家

> 人生的幸福在于事业的成功和家庭的美满。
> ——作者题记

由于弗洛伊德的精神分析学说深入涉及了性本能、性压抑、性变态、性升华等方面的内容，有些人便认为他本人肯定是个放纵性欲和玩弄异性的淫乱者，是个引诱社会堕落和败坏公众道德的色情狂。实际上，这是对弗洛伊德本人和弗洛伊德学说的一种误解。同他对待自己的科学事业的态度一样，弗洛伊德对待自己的爱情婚姻的态度也是严肃认真和忠诚执着的。

弗洛伊德的爱情经历是非常单纯的。他在少年时期，曾经有过一次短暂的单相思式的初恋。1872年，弗洛伊德16岁的时候，他回访了自己的出生地弗莱堡，在那里，他见到了15岁的少女吉夏拉。弗洛伊德一家与吉夏拉一家是世交，弗洛伊德的父亲和吉夏拉的父亲都是毛织品商人，他们俩小时曾在一起玩耍。这次重逢，弗洛伊德一见到吉夏拉，便满面通红，心跳如鼓，陷入了爱情的幻想。他并没对吉夏拉说出示爱的话，但他却幻想如果自己的家没有离开弗莱堡，他就可以有机会同吉夏拉结婚。这种爱情幻想伴随了弗洛伊德一段时间，他后来还曾把这一幻想移到了他同父异母的大哥伊曼努尔的女儿保莲身上。弗洛伊德的两位同父异母的哥哥都在英国居住和经商。大学二年级的暑假，19岁的弗洛伊德旅行到了自己心目中非常向往的英国，这是在他中学毕业时，父亲对他的全优成绩的奖励。在英国，他见到了伊曼努尔的儿子约翰和女儿保莲。弗洛伊德与他俩年龄相仿，是小时在弗莱堡生活中的玩伴。弗洛伊德则把保莲当成了吉夏拉的化身，幻想过与保莲结婚。当然，这不过都是弗洛伊德青春年少时昙花一现的念头而已。

在弗洛伊德的一生中，仅有过一次真正的爱情和婚姻，那就是与玛莎·柏内斯一起身陷爱河，同组家庭，共度一生。

弗洛伊德和玛莎是在一个偶然的场合下相遇、相识，进而相恋、相爱的。弗洛伊德年轻时十分迷恋学业，倾心于科研，号称"书蛀虫"。他平时回到家里，总是径直到自己的屋里继续苦读，很少参加家里人的闲谈。然而，1882年4月的一个晚上，26岁的弗洛伊德回到家里，看到了一位容貌美丽、举止文雅的姑娘正在餐桌旁与家人聊天,这位姑娘就是玛莎。弗洛伊德显然受到了吸引,他一反常态,也加入了进去。从此,开始了他们恋爱和婚姻的旅程。

玛莎也是犹太人,生于1861年7月26日,比弗洛伊德小5岁。她出身书香门第,祖辈

←弗洛伊德夫妇合影

和父辈多有知名学者。她的父亲是个商人，也很有学问，在与弗洛伊德相遇之前，她的父亲就因心脏病去世了。玛莎是位美貌可爱的姑娘，受过良好的教育，拥有出众的才智。

弗洛伊德与玛莎相识之后，就堕入了情网，并开始了他感情炽热的追求。1882年6月17日，他们在相识了短短两个月后订婚了。第二年，玛莎一家迁往德国汉堡，他们俩不得不暂时分开。从订婚到结婚，中间经过了4年多的时间，其中分离了整整3年。他们靠书信来传递恋情，单是弗洛伊德就给他的未婚妻写了九百多封信。他们差不多天天都写信，有时甚至一天写两三封信。他们的情书反映了他们曲折复杂的相恋和喜怒哀乐的情感。

玛莎不仅容貌美丽，而且宽厚真诚。弗洛伊德不仅赞叹玛莎令人陶醉的外表，而且看重玛莎令人敬重的内心。他曾在给玛莎的信中这样写道："不要忘记，'美丽'只能维持几年，而我们却得一生生活在一起。一旦青春的鲜艳成为过去，则唯一美丽的东西，就存在于内心所表现出来的善良和了解上，这正是你胜过别人的地方。"弗洛伊德在订婚3年后还曾告诉玛莎说，他在3年前所爱的只是她的形象，而如今他所爱的是她的人格，是真正的玛莎。

在弗洛伊德的恋爱经历中，他所表现出来的起伏激荡的热情，与他冷静的外表和清醒的理智形成了鲜明的对照。同样，他所表现出来的不够宽容的嫉妒和不够自信的猜疑，也与他科学研究中的纵横捭阖和充满信心形成了鲜明的对照。在这一点上，弗洛伊德和玛莎就存在着很大的不同。玛莎十分信任弗洛伊德对她的爱恋，而且也对所获得的一切感到非常满足。弗洛伊德则不同，他总是挑剔玛莎对他的爱恋，千方百计想要从玛莎那里获得更多的情感。这常常使他自寻烦恼和痛苦不堪，也常常使他由于过度苛求而与玛莎发生冲突。当然，更多的情况下，都是玛莎获得胜利，而弗洛伊德最后退让。

对那些与玛莎关系密切的男性，弗洛伊德总是妒火中烧。玛莎与她的表兄麦克斯·梅耶很要好，在认

← 弗洛伊德的妻子玛莎

识弗洛伊德之前，玛莎也曾倾向于选择麦克斯。麦克斯是位音乐家，玛莎喜欢他为自己谱的曲和唱的歌，这一切都让弗洛伊德心神不安，疑神疑鬼。在麦克斯之后，又让弗洛伊德醋意大发的是一位叫弗立兹·华勒的艺术家。弗立兹与玛莎很亲密，常以兄长的身份关心玛莎，弗洛伊德则坚持让玛莎与弗立兹停止来往。弗洛伊德后来曾经说道："我想艺术家和那些奉献于科学工作的人之间，普遍地都存有一种敌意。大家知道，艺术家拥有一把开启女人心房的万能钥匙，而我们这些搞科学的人，只好无望地设计一种奇特的锁，并不得不首先折磨自己，以便寻找一种适当的钥匙。"

尽管弗洛伊德妒心很重、心胸狭隘、十分固执、百般苛求，但玛莎的可贵之处在于，她了解了弗洛伊德的缺点，仍能保持对他的忠贞爱情。她深信，无论遇到什么样的风雨，他们的爱情都将最终获胜。玛莎的优长之处还在于，她能很恰当地处理好弗洛伊德与自己周围人的关系。这一切都表明了，玛莎在结婚后也必将是一位出色的贤妻良母。实际

→ 玛莎

上也是如此,在结婚后,玛莎在生活中总是把方便留给弗洛伊德,而把困难留给自己,处处为弗洛伊德的科学工作着想。

在经历了4年多的相恋之后,1886年9月13日,他们终于走入了洞房。结婚时,弗洛伊德30岁,玛莎25岁。一对情侣终于聚首,开始品尝家庭生活的滋味。他们的家庭生活是相当美满的。

当然,后来有研究者认为,弗洛伊德在婚前和婚后有很大的变化。在婚前,弗洛伊德表现出了深深的迷恋和狂热的追求,在婚后,他则失去了主动,缺乏了激情。他对妻子的爱仅仅是接受性的,而不是给予性的。这不能不使研究者认为,弗洛伊德的恋爱是对女性的征服,一旦赢取了胜利,热情便燃烧殆尽。这也不能不使研究者联想到,弗洛伊德后来提出的理论,带有明显的男权主义特征。

结婚后的一段日子里,他们曾经度过了一段经济上很困难的时期。然而,他们携手前行,同甘共苦,慢慢地营建起了自己的安乐窝。他们相继有了6个孩子,其中3个男孩,3个女孩。弗洛伊德是一位和蔼可亲、溺爱孩子的父亲。尽管他工作繁忙,但也常在周末带着孩子们去野游、采集和钓鱼。孩子们让他更加体会到了家庭的幸福。

在弗洛伊德的子女当中，也许最值得一提的是他的小女儿安娜·弗洛伊德。安娜是6个子女中最为弗洛伊德所宠爱的，也是唯一继承了父业的。安娜在23岁时，开始跟随父亲参加精神分析工作。弗洛伊德患了口腔癌之后，安娜一直照料了父亲16年。显然，安娜成了弗洛伊德工作和生活中不可缺少的助手。最为重要的在于，安娜发扬和光大了弗洛伊德的精神分析学说，开创了儿童精神分析法，推进了精神分析对自我的研究。尽管安娜没有上过大学，但由于她出色的业绩，美国、英国、奥地利的许多所著名大学都授予了她名誉博士学位。这对于开拓了精神分析事业的弗洛伊德来说，无疑是使之含笑九泉的荣耀。

与后来轰轰烈烈的事业相比，家庭或许只是弗洛伊德休养生息的平静港湾。

→弗洛伊德全家合影

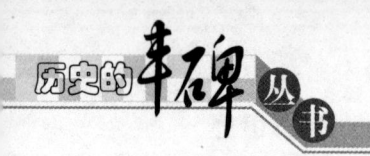

相关链接

解读《精神分析引论》

《精神分析引论》是弗洛伊德1915—1917年在维也纳大学讲授精神分析理论的三部分讲稿，也是弗洛伊德精神分析学说最重要的著作之一。在这部著作中，他以"心理冲突"和"泛性论"观点对日常生活中人们的过失行为、梦及神经病三项专题进行了深入的分析和系统的阐述。在前两部分，他假定听者没有精神分析学的知识，因而从入门讲起。第三部分讨论了比较复杂的问题，即神经病的精神分析和治疗。

弗洛伊德开篇时就指出，精神分析不同于别的医药方法，它是治疗神经错乱的一种方法，主要靠谈话。对自我的分析和研究是精神分析的入门。他提出了精神分析的两个基本命题：第一，心理过程主要是潜意识的，意识的心理过程是整个心灵的分离部分，他由此否定了传统的观点："心理的即意识的"；第二，性的冲动，无论是广义的，还是狭义的，都是神经病和精神病的重要起因，并且性的冲动对人类最高的文化的、艺术的和社会的成就作出了最大的贡献。

　　弗洛伊德认为，人们日常生活中的过失现象是有意义的。它是心灵中两种相反的倾向相互牵制而趋调和的心理行为。它的起因是由于机体的或心理的原因而引起的注意的扰乱。其实，过失如舌误、笔误等是有意义的，在它的背后隐藏着某种"意向"或"倾向"。过失是由两种倾向同时引起的结果。一种是干涉的倾向，另一种是被干涉的倾向。如在把"开会"说成"散会"这个舌误中，"要开会"是被干涉的倾向，"散会"是干涉的倾向。干涉的倾向是由于某种原因被藏在心底不愿说出的，不易被认出的倾向。对干涉的倾向的压制是造成舌误的不可缺少的条件。当然，并非所有过失都有意义，但对过失的意义的研究可以使人们深入到对潜意识的心理活动的认识。

　　弗洛伊德认为，与过失一样，梦也是健康人所具有的、被忽视的心理现象。梦也是有意义的，梦的研究不但是研究神经病的最好的准备，而且，梦本身也是一种神经病的症候。梦有显义和隐义两种。记得的、可以说出来的梦是梦的显义，被伪装了的、由释梦的工作所揭示出来的是梦的隐义。记得的梦并不是真的，只是一个化了装的代替物，我们顺着这个代替物所引起的观念，就可以知道梦者原来的思想，将隐藏在梦内的潜意识内容带入意识中。梦的隐义常常是被压抑的，他通过种种伪装才能在梦中表现出来。儿童的梦未经化装，其显义和隐义一致。由此看来，梦是欲望的满足。

  本书第三部分讨论神经病，弗洛伊德指出，神经病的症候背后都有意向，症候是有意义的，与病人的内心生活有密切的关系。他讨论了神经病症候的意义，症候和潜意识欲望的关系；讨论了心理历程中潜意识、前意识和意识问题；讨论了精神分析学对性的认识，性的冲动与精神病、文化的关系；讨论了性本能和自我本能的关系，它们各自的特点；讨论了神经病治疗中的一些技术问题等等。他认为神经病症候也是两种相反的心理倾向相冲突的结果：其中一方是被压抑的性本能的潜意识欲望，另一方是压抑它的自我本能的理性规范。一旦这种受压抑的性本能欲望被导入意识层面，神经病症候即可消除。

行医立业

> 千里之行,始于足下。
> ——古训

弗洛伊德从维也纳大学医学院毕业之后,留在了布吕克教授领导的生理研究所工作,继续进行神经系统的解剖学和生理学方面的基础性研究。在从事科学研究工作的同时,他还在大学里担任了助教的工作。一年多的时间里,他的研究工作和助教工作都很顺利。但是,这两项工作的收入都很微薄,根本无法满足生活需要。当时,弗洛伊德的父亲已经老迈,家里人口又多,生活始终都不富裕,弗洛伊德自然有赡养家庭的重任,同时,他还于1882年与玛莎订了婚,他必须为结婚准备费用。所以,他最终接受了布吕克教授的劝告,放弃了从事基础理论研究的工作,改行做了临床医生。这对于弗洛伊德来说,可以说是人生的一个重大转折。

在《自传》中,弗洛伊德这样写道:"1882年是我人生的转折点。我一向最为崇敬的老师考虑到我窘困的经济状况，极力劝我放弃理论研究工作，从而纠正了我父亲高尚而毫无远见的想法。我听从了他的劝告，离开了生理研究所，进维也纳综合医院做了一名临床助理医生。"1882年7月，26岁的弗洛伊德正式来到了维也纳综合医院，开始了他的临床医疗实践。这一转折，从表面上看来是为了解决经济收入问题，而实际上却使他积累了丰富的临床经验，为他后来创立精神分析学说打下了必要的基础。

弗洛伊德在维也纳综合医院工作了3年多的时间。他为了全面地熟悉临床治疗，不断地从一个科转向另一个科。他分别在外科、内科、精神科、皮肤科、耳鼻喉科、神经科、眼科工作过，结识和跟随过许多医

← 弗洛伊德医生的等候室

学名家。他开始是见习医生，后来升为助理医生，还曾经在神经科担任过代理负责人。

在每天的诊疗工作之余，弗洛伊德仍然热心于科学研究，他的研究重点还是在神经系统的结构和功能上。原先在布吕克生理研究所考察的是低等脊椎动物鱼类的神经系统，现在他转向了研究人类的神经系统。他从事了大量的脑解剖研究工作，完成了有关延脑中的神经核的起源和神经通路方向的研究论文，还曾研究过能改变人的神经系统功能的药物。他亲自服用过可卡因，以检验可卡因对神经系统的影响。他发现，可卡因不仅对人的神经系统有兴奋的作用，而且有局部的麻醉作用，从而，他成为应用可卡因于医疗的先驱者。

当然，从更为实用的方面考虑，以及从更多接触到的病例方面考虑，弗洛伊德逐渐将研究的兴趣转向了神经系统的疾病。1883年5月，他在梅纳特的精神病诊疗所工作了一段时间。西奥多·梅纳特是当时著名的精神病学专家，并在维也纳大学医学院兼任教职。弗洛伊德上大学时就喜欢听他的课，从那时开始就对精神病学有了兴趣。弗洛伊德曾说起，梅纳特的人格和工作都对他产生了重要的影响。梅纳特认为，所有的精神疾病都是由于神经系统的病变引起的，因此，他十分注重于大脑的解剖定位。弗洛伊德不仅在梅纳特手下获得了诊治精神病的最初经验,而且在梅纳特的大脑解剖实验室做了大量研究工作。1884年1月起,弗洛伊德在神经科工作了一年多的时间。他致力于神经病理学的研究,发表了许多成果论文,他已经能对神经系统的器质性病变进行准确的诊断,并以尸体解剖证实率高而闻名。

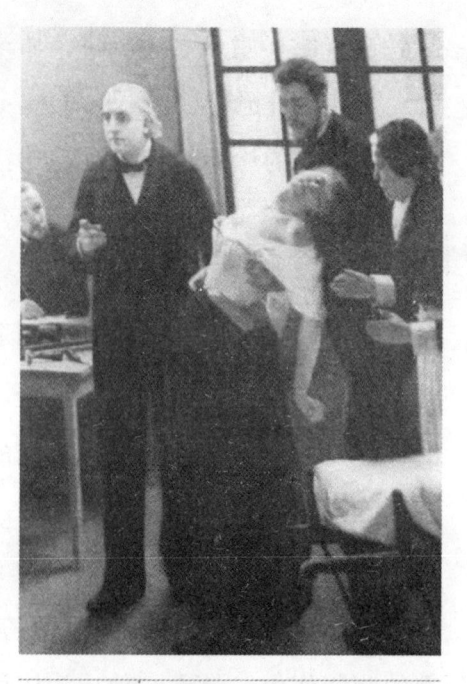

弗洛伊德办公室中一直挂着的《精神医大师夏科在学生面前诊断病患》(局部)的油画

对弗洛伊德来说,1885年又是一个重要的年头。在这一年,由于在神经组织学方面的研究和临床诊疗方面的经验,他被任命为维也纳大学医学院神经病理学讲师。尽管这个职务并没有报酬,但却因学有专长而受人尊敬。同年,弗洛伊德还获得了一份奖学金,使他得以赴法国巴黎留学,跟随著名的精神病学大师沙可学习。弗洛伊德获得这样两次机会，在于布吕克教授等人的大力推荐。布吕克教授在推荐信中曾这样写道："弗洛伊德医生是受过良好教育的人，他有严正和沉着的性格，他在神经解剖学方面是一位优秀工作者，他头脑敏捷，思路清晰，知识广博，推论严谨以及文字表达出色。他的发现得到了公认，他的演讲风格是透彻明确的。在他身上，科学研究人员的品质同优秀教师的品质高度地结合在了一起。"

1885年秋季，弗洛伊德结束了他在维也纳综合医院的初期医疗实践，前往法国巴黎，在萨伯居里医院投师于让·马丁·沙可。当时，沙可是大名鼎鼎的精神病学专家，在他的领导下，萨伯居里医院成了举世瞩目的精神病学圣地。只要成为沙可的学生，在医学界就会受到人们的尊敬，由此可见其非凡的影响力。弗洛伊德十分仰慕沙可，也十分钦佩沙可的治学精神和工作态度。

巴黎的萨伯居里医院里外国进修者众多，弗洛伊德刚来时默默无闻。然而，沙可有一天遗憾地说起，还不曾有人将他的讲义翻译成德文，如果有谁愿意把他新近的讲义译成德文，他会非常高兴。弗洛伊德抓住了这次机会，毛遂自荐承担翻译工作，沙可同意了。从此，弗洛伊德进入了沙可的生活圈子，并参与了医

院的各项活动。他翻译了沙可的《关于神经系统疾病特别是癔症的新讲义》，为了感谢他的德文译本，沙可将自己的一套著作赠送给了弗洛伊德。

从沙可那里，弗洛伊德学到了很多东西。沙可对癔症的研究和对催眠术的运用，尤其给他留下了深刻的印象，并影响了他后来新学说的创立。

癔症也称歇斯底里（hysteria），是一种神经症。癔症可以表现为由心理障碍而导致身体失常，如失明、失聪、肢体瘫痪等，患者不是有意装出的，也没有任何身体的原因。在早期的医学中，癔症被看作是一种妇女病，与妇女的子宫有关，歇斯底里一词的词根是hysteron，即为子宫。沙可的贡献则在于确立了癔症是神经系统的疾病，他发现了男人也可以患有癔症。这

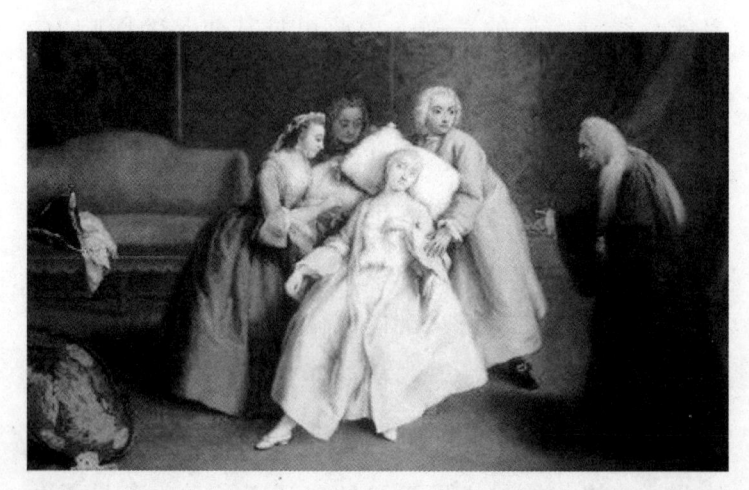

题为《晕厥》的油画表现的是患者歇斯底里发作的场景

在当时是很多人难以接受的。弗洛伊德从巴黎回到维也纳之后，曾在医学学会报告了有关癔症的研究，特别介绍了男性癔症。结果，报告受到了许多医学权威的冷遇，其中一位老外科医生惊奇地大叫："天哪！我亲爱的先生，你怎么能说出这样荒唐的话？歇斯底里是子宫的意思，男人怎么会得这种病呢？"

催眠术是一种较为古老的暗示疗法，是通过特定的方法使人进入催眠状态，即不受意识控制而受暗示控制的状态。催眠术因其过于神秘和难以解释，曾在医学界和科学界一度声名狼藉。在弗洛伊德求学的那个时代，维也纳医学界的许多专家学者都蔑视催眠术，认为催眠术不仅是骗人的，而且是危险的。但是，在巴黎的萨伯居里医院，沙可却运用催眠术来引起和消除癔症症状，这给弗洛伊德留下了深刻的印象。实际上，弗洛伊德还是个学生的时候，就亲眼所见过催眠术的表演，这使他深信催眠现象的真实性。从沙可那里，弗洛伊德自己也掌握了催眠术。他从巴黎返回维也纳之后，也开始介绍、研究和运用催眠术，这同样受到了许多医学权威的抵制。弗洛伊德为此而受到过许多困扰。为了进一步掌握催眠术，1889年夏季，弗洛伊德又到法国的南锡去了几周的时间。在那里，他了解了法国医生李厄保和伯恩海姆对催眠术的运用和探讨,更明确地认识到了催眠术的心理暗示作用。

在法国的学习,使弗洛伊德的学术研究有了重大的进展。通过对癔症的考察,弗洛伊德从着眼于神经系统的生理疾病,转向了着眼于精神系统的心理疾病。先前是由精神错乱来追寻其神经系统的病变,后来在癔症研究中则是由机能的障碍来追寻其心理的疾患。弗洛伊德已经明确地区分开了器质性的疾病和心因性的疾病。通过对催眠术的掌握,弗洛伊德开始发现,在人的意识背后,还潜藏着一个不为人知的心理领域。正是催眠术把弗洛伊德引向了这个广大的领域。他在运用催眠术的成败中,深切地感到,真正重要的在于迈向人类心灵的深处。许多运用催眠术的人,都是在这道门槛前停了下来,而弗洛伊德却大胆地走了进去。

结束了在法国巴黎不到半年的进修学习,弗洛伊德回到了维

← 《嚎叫》表现一种精神疾病:惊恐障碍

也纳。他开始独立地行医开业，并同时担任了一家儿童疾病研究所的神经科主任。此后的一段时间里，弗洛伊德主要致力于立业后确立自己的职业信誉，主要着眼于成家后保障家庭生活开支的重任。虽然他收治各种类型的病人，但主要研究兴趣仍然放在了精神疾病上。当时，他的诊疗已经从器质性的神经病转向了心因性的神经症。主要的原因有两个：一是脑病变患者的数量很少，而神经症患者则为数众多；二是脑病变患者的治愈率极低，而神经症患者则较容易康复。

在医疗实践中，弗洛伊德开始不断进行新的探索。他从来不满足于前人的道路，也不满足于现成的结论。他最初的成就，与他同布洛伊尔的合作分不开。

约瑟夫·布洛伊尔是维也纳的一位很著名的医生，也是一位有成就的学者，在呼吸器官和平衡器官的研究方面作出了重要的贡献。弗洛伊德是在布吕克教授的生理研究所里认识布洛伊尔的，他比弗洛伊德大14岁，但他们却成了亲密的朋友。布洛伊尔不仅在生活中而且在学术上，都给了弗洛伊德以巨大的帮助。

在1880年到1882年期间，布洛伊尔曾收治了一个癔症病人。这位叫安娜·奥的患者患有肢体麻痹、精神错乱等癔症症状。布洛伊尔在治疗中偶然发现，当患者说出自己的种种幻觉时，她的症状就会减轻或消除，这使他得出了一种新的治疗方法，即通过使病人进入催眠状态，诱使其自己讲述病症的起因。通过运用这一方法，布洛伊尔发现，安娜·奥的许多症状都来自她护理病重的父亲时的生活经历。这表明，那些痛苦的经历留在了她的内心深处，后来则通过各种癔症症状替代地表现出来。布洛伊尔经过一段时间的艰苦努力，终于成功地治愈了这位患者。这种方法开始称为谈话治疗法或烟囱扫除法，后来则称为宣泄法或净化法。布洛伊尔给出的解释认

←布洛伊尔收治的癔症病人安娜·奥

为，癔症症状是由于情感能量没有得到正常释放而引起的，它可以通过在催眠状态下的宣泄而消除。

早在弗洛伊德去法国巴黎留学之前，布洛伊尔就向他谈到过这个病例。这引起了弗洛伊德的极大兴趣。弗洛伊德在巴黎曾向沙可介绍过布洛伊尔的发现，但沙可却不置可否。沙可的漠然态度没有影响弗洛伊德的探索，从巴黎回来后，他继续同布洛伊尔讨论了这一病例，并在自己的治疗实践中重复了布洛伊尔的方法，积累了更多的病例和经验。弗洛伊德为此而建议与布洛伊尔合作写一部著作，以详尽阐述他们共同的研究。开始时布洛伊尔坚决反对，他担心缺乏科学性，难以为医学科学界所接受，后来，经弗洛伊德的劝说，他终于同意了。

1893年，弗洛伊德与布洛伊尔共同发表了序言性的通信《癔症现象的心理机制》，1895年，他们合著出版了《癔症研究》。根据对癔症的观察和研究，他们在书中提出两点重要的思想：首先，认为癔症根源于患者以往经历的精神创伤，是由精神创伤而受阻的心理能量寻求释放而引起的病态症状；其次，认为通过催眠，使患者得到精神宣泄，将走入歧途的心理能量引进正轨，就能够消除癔症的症状。

本书出版之后，弗洛伊德和布洛伊尔反而因此终结了他们长期的友谊。后人对此评说不一,弗洛伊德本人认为主要原因有两个:一是本书出版后,在奥地利和德国反响不佳,受到了批评,这使布洛伊尔非常沮丧;二是弗洛伊德试图把癔症的病因同性欲联系在一起,布洛伊尔则坚决反对。结果,两人终于分道扬镳了。

布洛伊尔的退出已表明了,任何学术上的推陈出新,都要经受住压力的考验。弗洛伊德义无反顾,继续推进自己的研究,并忍耐了学术界长时间的冷遇和排挤。

首先,在进一步的研究中,弗洛伊德放弃了催眠术,也放弃了以催眠术为基础的宣泄法。他在治疗中发现,催眠术和宣泄法的治疗效果不理想,已取得的治疗效果也不稳定。主要原因在于,催眠术和宣泄法的实施要受到医生和患者之间的情感关系的影响,在治疗中要想保持好的效果,病人很容易产生移情,即似乎爱上了医生。布

← 《绝望》

← 《焦虑》

洛伊尔和弗洛伊德都受到过移情的困扰。布洛伊尔放弃了努力，弗洛伊德则深入探究移情背后的深层原因。虽然催眠术和宣泄法的运用能够缓解或减轻患者的症状，但却并不能够发现患者心灵深处的动力关系。这就使医生没有办法真正解决问题。放弃了催眠术和宣泄法后，弗洛伊德开始采用了精神集中法，即让患者在通常的状态下，集中精神去回想构成患病原因的过去的经历或体验，但是，医生的提问和诱导常常会干扰患者的思路。经过不断的探索，弗洛伊德终于创立了自由联想法，这一方法保留了催眠术和宣泄法的一些准备性步骤。如让患者躺在躺椅上，处于放松状态，医生坐在患者的背后，但医生并不对患者进行催眠，而是让患者自由地把心中浮现的一切都说出来，医生则针对性地进行分析和治疗。

其次，在进一步的研究中，弗洛伊德不仅确定了在人的意识心理背后存在着潜意识的心理，而且还肯定了潜意识心理中的性本能和对性本能的压抑。这也是弗洛伊德的重大研究突破。与布洛伊尔合作时，他们开始时仅是认为，在神经症现象背后起作用的是一些偶然的情绪刺激，但是，弗洛伊德在治疗中发现，人的意识背后起作用的是性本能的能量。这些能量受到压抑，难以进入到意识中，却可以迂回地释放和得到替代的满足，从而产生神经症的症状。那么，对神经症的治疗就不在于宣泄走入歧途的能量，而在于揭示出内心的冲突和造成冲突的压抑，使患者加以正视和进行重建。

显然弗洛伊德此时已经开拓出了自己的道路。他不仅品尝了学术创造的快乐，而且也感受到了不为人

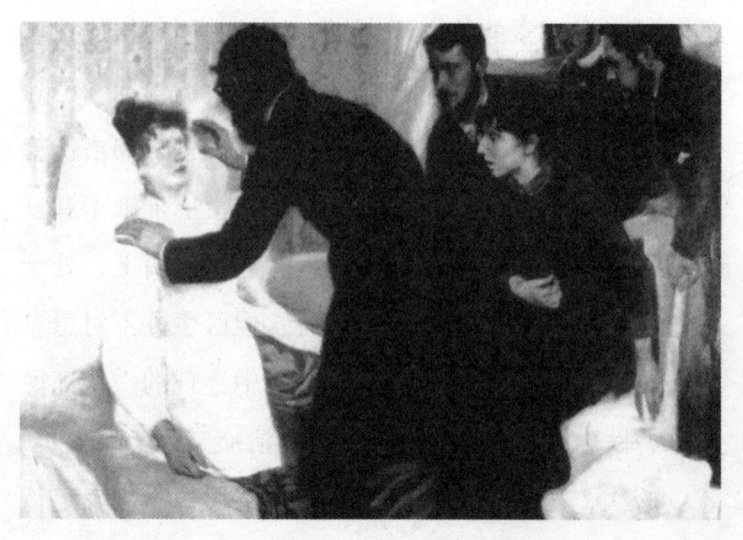

← 以催眠术治疗癔症病人

接受的孤立。但是，辛勤的耕耘，总会有果实的收获。1896年，弗洛伊德开始使用"精神分析"的概念。这一年，他40岁。

→ 弗洛伊德

相关链接
XIANGGUAN LIANJIE

精神分析疗法的演进

电气疗法：弗洛伊德从维也纳大学毕业后，在从事精神科临床工作时，对精神疾病的治疗方法少得可怜。除了一般性的心理治疗（如安慰、劝导、说服、支持、暗示）外，还有起暂时安抚作用的镇静药物和流行一时的电气疗法。弗洛伊德早年也使用过这种利用电气机械发生某种声、光、热来治疗精神疾病患者。后来证明它也不过是一种暗示作用而已。

催眠术：这是当时英国、法国比较流行的一种治疗精神疾病的方法。弗洛伊德在法国留学时亲眼看见沙可使用催眠术成功地治愈了一个心因性瘫痪的女病人，他还把这个相片挂在自己的办公室里。他同布洛伊尔合作，开始阶段也主要是采用催眠术治疗癔症患者的。后来，他们发现这种疗法的疗效不巩固，易复发，特别是有些人难以催眠。

疏泄法（或称宣泄法、洗净法）：这种疗法原为布洛伊尔所创造，后被弗洛伊德所采用。它是在催眠状态下，诱导患者将自己致病的积郁内心的痛苦倾吐出来，使症状得以消失。布洛伊尔在给安娜治病时，发现她有许多癔症症状，如手臂麻痹、记忆丧失、呕吐恶心、不能饮水、视觉障碍、言语困难、人格交替、精神错乱等，当在催眠状态中使她的情绪有一定宣泄时，她的病情马上有明显好转。患者把它称为"打烟囱法"。

疏泄法与催眠法的区别在于：一是前者专靠暗示治疗，后者暗示则为辅助治疗；二是前者病人总想将心中隐事加以粉饰，后者病人则暴露隐私加以消除；三是前者在姑息，用暗示来抵抗症状，反而因压抑作用的增强，症状更难以改变，后者在引起症状的矛盾中，求病源之所在，并用暗示以改变这些矛盾的后果。可见，疏泄法已经蕴含着精神分析的因素，即承认精神疾病是由于心理上多年压抑造成的。因此，疏泄法是弗洛伊德在开展心理治疗道路上前进的第一步，也是他从催眠法发展到精神分析法的一种过渡性的疗法。当然，疏泄法还有其局限性：一是因与催眠法相结合运用的，故有时疗效也不稳定；二是因它还未发现人的心理深层结构，故还不能算作真正的精神分析疗法。

精神集中法（或称前额法）：当弗洛伊德发现人们难以顺利地进入深催眠状态时，他毅然放弃了经典催眠法，一度采用了精神集中法：让患者在清醒或比较清醒的状态下，集中精神去回想构成患病原因的过去经历或体验，并报告给医生；假如病人一时不理解和不能回想与报告时，就让他闭上眼睛后用手按放在他的额部，对他说："经过这样用手按压后，你现在可以想起来了，或者有些事像图画一样出现在眼前；在我停止按压时，不管你想起或看到什么，就该直接说出来吧。"但是，使用前额法治疗有两个问题：一是用手按压病人的前额，使其难以进行联想；二是医生不断提问，干扰了病人的思路。

精神分析疗法：当弗洛伊德发现疏泄法、前额法的问题以后，又创建了精神分析疗法。这一疗法通过自由联想和梦的分析，暴露其潜意识的内容，追溯患者童年有关性的情结，对治疗者产生移情，然后进行解释工作，以达到消除症状、提高领悟能力、彻底矫正人格的目的。

创立学说

> 谁解开了狮身人面兽斯芬克斯的谜语,谁就是本事最高强的人。
> ——作者题记

同布洛伊尔分手之后,弗洛伊德开始孤军奋斗,独立前行。只是后来随着他声誉日隆,才追随者日众。弗洛伊德一直都把科学研究当作自己生活中的主要兴趣。他陆续发表的学术著作串联在一起,就可以显现出他光芒四射的学术生涯。

1895年,弗洛伊德撰写了《科学心理学设计》的文稿,试图在生理学的基础上建构一种心理学,以神经过程来推论心理过程。现在看来,当时他是打算为自己的心理学发现提供科学的根据。他运用了自己拥有的神经解剖学和神经生理学的知识,来解说人的各种精神活动。他一度为此而兴奋,认为整个设计逻辑严谨,但是他很快就发现此路不通,便放弃了这种努力,而从使用生理学的术语转向运用心理学的术语来探讨人的精神生活。他生前没有发表这一文稿,到了晚年还曾打算烧掉文稿。他逝世后,直到1950年,人们才重新发现此文,并得以发表。

　　弗洛伊德在着重于矫治变态心理的同时,也转而去研究常态心理。这不仅使他了解到了深层潜意识是导致神经症和精神病的根由,也使他认识到了深层潜意识也是人的日常生活和文明创造的源泉。1900年,弗洛伊德出版了他的重要著作《梦的解析》。正如他自己在《自传》中谈到的:"自从我写《梦的解析》开始,精神分析就不再是一个纯粹的医学主题了。"他在书中指出,梦是一种心理现象,梦是愿望的满足。他区分了梦的显像和隐意。显像是指各种不同的梦境,隐意是指潜意识的愿望。梦的作用是把隐意变成显像的过程,像凝缩、移置、象征、润饰等。释梦则是从显梦回溯到隐意,也即剥掉显梦的伪装,去了解背后的隐意。弗洛伊德本人非常看重《梦的

←毕加索《梦》

解析》在他的所有发现中的地位和价值，他也表示过这是他最为喜爱的著作。但是，这部著作刚出版时则受到了冷遇。第一版共印了600册，花了8年时间才全部卖完。他在大学开设有关释梦的讲座，听众也只有3个人。然而，随着精神分析的日益流行，《梦的解析》也逐渐广传于世，不仅多次再版，而且译成了各种文字。该著作被认为揭开了人类心灵的奥秘，甚至被看作是改变世界历史的书籍。1901年，弗洛伊德发表了《日常生活的精神病理学》，1904年出了单行本，此后再版多次，每次弗洛伊德均有修改和补充。他在书中，从分析人们日常生活中大量的、常见的遗忘、口误、笔误、错失行为等现象入手，证明了潜意识的活动及对潜意识的压抑不仅存在于变态心理活动中，而且存在于常人的心理活动中。他还指出了精神决定论的依据，认为人的千变万化的心理行为，都有其内在的和深层的决定因素。

从对潜意识的揭示，必然要涉及潜意识的内容。弗洛伊德在研究中确定了，潜意识的内容在于性本能的冲动和对性本能冲动的压抑形成的情结。1905年，弗洛伊德汇总了他对性的探讨，结集出版了《性学三论》。该书由"性变态""幼儿性欲"和"青春期的改变"3篇文章所组成。书中阐述了性变态的本质、表现

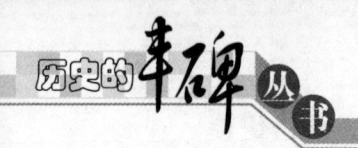

和形成的原因，以及性欲发展的过程和阶段。弗洛伊德把性与生殖器和生殖活动分离开了，扩展了性的范围，使之包括所有对快感的追求。他还揭示了从生命一开始就有性欲的冲动，肯定了幼儿性欲的存在。弗洛伊德对性的研究引起了强烈的批评和反对。

←福塞利《疯狂的凯蒂》

在此之后，弗洛伊德于1910年发表了《精神分析的起源和发展》，并于1914年发表了《精神分析运动的历史》，于1917年出版了《精神分析引论》。这些著作既对精神分析的产生和发展的历史进行了总结，又对精神分析的学说做了全面和系统的概括。

这段时期，弗洛伊德也开始了对他的前期学说进行改造。在前期，他重视对潜意识的挖掘，着眼于潜意识、前意识和意识的心理深度结构，完成了从精神医学到心理学的跨越。在后期他逐渐开始重视对意识自我的考察，转向于揭示本我、自我和超我的心理动力结构，并从心理学迈向社会人生哲学。

弗洛伊德于1914年发表了《论自恋》；于1920年发表了《超越快乐原则》；于1921年发表了《群体心理学与自我的分析》；于1923年发表了《自我与本我》；于1933年发表了《精神分析引论新编》；于1940年发表了《精神分析纲要》。在这些著作中，弗洛伊德对本能理论进行了修改，把保存种族的性本能和保存个体的自我本能合并为生本能，并制定了作为生本能对立面的死本能。他也对心理结构理论进行了发展，把潜意识、前意识和意识的分层结构改造成了本我、自我和超我的动力结构。

弗洛伊德还于1913年出版了《图腾与禁忌》；于1927年出版了《一个幻觉的未来》；于1930年出版了《文明及其缺憾》；于1939年出版了《摩西与一神教》等。他在大量的著述中，开始广泛地涉及历史学、人类学、宗教学、社会学、文学、美学、伦理学、哲学等诸多领域，把精神分析推向了社会，使之成为广泛传播的社会思潮。

弗洛伊德学说的遭遇曾经历过戏剧性的转折。学说创立之始，颇受学界和世人的冷遇，进而招来各种批评和敌视。但是，随着弗洛伊德学说的日渐成熟和传播，它转而又受到了热烈的对待，不仅构成了信徒广众的精神分析运动，渗透到了人类生活的诸多领域，而且风靡了整个世界。

弗洛伊德的学说无论从其发展来说，还是从其内容构成来说，都大致包括3个层次或部分。第一是精神疾病治疗的理论和技术。精神分析产生于精神医学领域，强调精神疾病的心理原因而不是机体原因，运用心理疗法而不是物理化学疗法，从而成为精神医学和心理治疗领域的重要一派。第二是心理学的学说和流派。在对精神疾病的治疗中，弗洛伊德不满足于考察精神疾病的患者，转而通过分析梦和日常生活中的心理行为等进入了对普通人心理的研究。他力求揭示人的心理的构成，确立心理学的基本原则，形成了系统的心理学学说，成为西方现代心理学的重要流派。第三是社会人生哲学。弗洛伊德后期把着眼点转向了社会文化领域。他不满足

← 弗洛伊德

于分析个体心理，而是进一步去分析群体心理。他也不满足于说明心理现象，而是进一步去说明社会现象。由此，他把精神分析推进于解释人性、解释社会、解释个人与社会的关系。他使精神分析深入到宗教、道德、教育、文学、妇女、战争等领域，扩充成为企求改变人和世界的社会人生哲学。

弗洛伊德在其生前的最后一部著作《精神分析纲要》中，提到了精神分析有两个基本的假设。一是有关精神活动的3种性质，即潜意识、前意识和意识的划分；二是有关精神结构的3个部分，即本我、自我和超我的划分。弗洛伊德精神分析学说的发展有前后两个时期，他在前期提出了第一个基本假设，在后期提出了第二个基本假设。他后来也试图把这两种心理结构理论合并在一起，当然并非是简单的一对一的关系，以完成他对自己的精神分析思想的统一，从而完整地说明人的心理活动。

前期，弗洛伊德提出人的心理结构是由潜意识、前意识和意识这3部分所组成。这实际上侧重的是心理的不同水平或层次，揭示出心理内部的矛盾和冲突是在不同水平或层次上进行的。因此，可将其称之为心理的深度结构。弗洛伊德把人的心理看作是海中飘浮的冰山，意识只是露出水面上的一小部分，而冰山

前排从左至右为弗洛伊德、克拉克大学校长霍尔、荣格。

的大部分都是在水下。

　　潜意识在心理的深度结构中处在最底层，它最为远离现实世界，而最为接近人由自然进化而来的动物本性。潜意识的动力性是由本能体现出来的，而最基本的就是追求快乐的性欲（里比多）。它必然要在个体面对现实的时候经受压抑，在压抑的作用下，潜意识便与前意识和意识隔离开来，并且很难进入到意识中去。被压抑在潜意识中的本能冲动或者通过神经症和精神病的症状得以满足，或者通过日常的心理行为得以体现，或者通过科学、文学、艺术等文化创造活动得以升华。潜意识要为意识所了解，一方面可以把它推断和构造出来，弗洛伊德对梦和过失行为的研究，就是在进行这样的工作。另一方面通过精神分析的方法，克服抵抗，使潜意识的材料转变成为意识。结果，这可以使意识构造出的潜意识与被意识到的潜意识合二为一。

前意识在心理的深度结构中处在最深层的潜意识和最表层的意识之间。它与潜意识和意识都有联系。潜意识和意识从不直接交流，而是以前意识为中介。弗洛伊德时常很方便地把心理分成无意识和意识两大部分。正因为前意识的居间性质，他有时把它看成是无意识的一部分，有时把它看成是意识的一部分。在描述的意义上，前意识与潜意识属于一类，即相对于意识来说，它们都是没有觉察到的。在动力和系统的意义上，前意识则与意识属于一类，即潜意识是受压抑的，不能变成意识，而前意识则能经由注意而很容易变成意识。

意识在心理的深度结构中则处在最表层，它直接与外部世界相接触。弗洛伊德反对把心理等于意识的传统观点，认为心理并不等于意识，甚至连记忆也不总是保留在意识的水平上。意识只是对具有精神性质的心理内容的短暂觉知，它只是精神现象的表层和片段，总是处于变动流逝之中。在早期，弗洛伊德注重发掘潜意识的过程，对意识有所轻视和忽视，但到后期，他开始注意协调潜意识与意识之间的平衡。他承认："我们从前或许轻视意识以为不足以为准，因为它是不可信赖的。但这样做是错误的。意识正与生命相同，价值虽不多，然而我们除了它便一无所有。我们若不借光于意识，便不免在潜意识心理的黑暗之中迷失方向了。"

弗洛伊德后期把心理的深度结构修改为心理的动力结构，本我、自我和超我分别为不同的心理动力系统，其中除本我是潜意识的之外，自我和超我都兼具潜意识、前意识和意识的性质。因此，本我、自我和超我的冲突与调和，既可以在不同的深度水平之间进行，也可以在同一深度水平之内进行。

本我处在潜意识的深层，是"一大锅沸腾汹涌的兴奋"。本我是遗传的，它与躯体的历程直接接触，从那

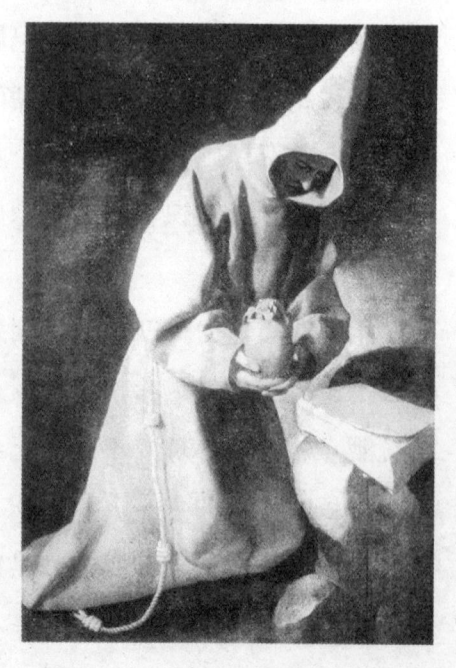

← 苏巴朗《圣弗兰西斯的冥想》

里接受肉体对心灵的要求，即本能。本能从躯体流入本我，并在本我中得到最初的精神表达。本我中的本能包括生本能和死本能。本能的冲动是盲目的，它的能量自由活动，寻求出口。本我遵循快乐原则活动，其基本含义在避苦趋乐，苦来自能量的积累，乐来自能量的发泄。

　　自我是在本我的基础上发展起来的，是心理结构中的管理和执行机构。自我保持着人的心理的完整性，协调着心理结构中各部分之间的关系，并且也协调着机体与环境之间的关系。自我具有潜意识性，它执行

着对本我的审察和压抑,而审察和压抑则不为意识所知。自我具有前意识性,它充分地利用以往的经验。自我具有支配性的是知觉意识,通过知觉意识,自我一方面反映本我避苦趋乐的愿望,另一方面接受外部现实的影响。自我要同时满足现实、本我和超我的要求,并在三者之间进行协调。自我遵循现实原则活动,其基本含义在于对生存条件的适应与服从。

超我是从自我中分化和发展起来的,是心理结构中的第三个重要的构成部分,是人的心理的高级的和超个体的部分。它不像本我只注重满足中的是与否,

← 高更《我们从哪里来?我们是谁?我们到哪里去?》

不像自我只注重现实中的真与伪，它注重的是理想中的善与恶。超我体现的是文化的传统，是传统的价值观念和社会理想。超我的作用在于观察和监视自我，奖赏和惩罚自我。这是通过超我的两个构成部分完成的，那就是自我理想和良心。自我理想是衡量自我为善的尺度，良心是衡量自我为恶的尺度。超我也同时具有潜意识、前意识和意识的品质。超我遵循至善原则活动，其基本含义在于施加给个体的人类文明的要求。

→ 罗塞蒂《白日梦》

相关链接
XIANGGUAN LIANJIE

解读《图腾与禁忌》

对原始民族部落中的禁忌、图腾与宗教的核心及本质是长久以来争议的中心。《图腾与禁忌》是作者对这些难上解答的谜题所做的突破性贡献。弗洛伊德考察了澳洲土著人的图腾崇拜,认为触犯图腾禁忌在原始民族里被视为最大的罪恶;图腾代代相传不因婚姻而转变。

在分析群体婚和外婚的同时,他发现了一个极具研究价值和有趣的现象——它们都具有严厉防止乱伦的作用。通过对禁忌及其所隐藏的矛盾情感进行深入分析,认为禁忌具有下列性质:1.由玛那(一种神秘的力量)依自然或直接的方式附在人或物身上因而产生的结果。2.由玛那以间接的或传递的方式而产生的结果。3.前两种方式同时存在。

他认为,那些祭物献祭的对象(现在被尊奉为神的东西)是意指着父亲。在这种假设下,动物与人献祭间的疑问即可得到了一个简单的答案。

动物献祭是活人献祭的一种替代——即屠杀父亲的仪式。

弗洛伊德对泛灵论的施方式（巫术与魔法）作彻底的研究分析后发现，原始民族在施术的操作过程中，明显暴露出一个企图：尝试利用控制心理作用的规律来操纵真实事物。所以，他相信人类对自然的第一种解释（泛灵论）是由心理作用所造成的。进而在其他学者研究图腾崇拜起源的基础上，利用精神分析学的方法逐渐解开了图腾之谜。

图腾崇拜的十二原则：

1. 禁止杀害或食用某种动物，可是，此种动物却可个别地被豢养和照顾。

2. 某种动物因意外而死亡时，它将像其他族人的死亡一样受到哀悼和埋葬。

3. 在某些情形下，禁食的禁制只局限于动物身体的某一部分。

4. 当某种通常已被赦免的动物，由于事实需要而必须加以杀害时，则常须举行请求宽恕的仪式，同时，制造了不同的技巧和借口来试图减轻破坏禁忌（也就是指此种谋杀）后所可能遭受的报复。

5.当动物被用为某一种仪式典礼的牺牲时，它将得到庄严的哀悼。

6.在某些庄严的场合和宗教仪式里，人们披上了某种动物的皮革。在此情形下，图腾崇拜仍然存有其作用，因为，它们是图腾动物。

7.部落和个人采用了动物的名称即图腾动物。

8.许多部落在他们的军旗和武器上画上动物的形态，人们将动物的形态绘到身体上。

9.如果图腾是一种令人害怕或危险的动物，那么，他们深信在部落中以它为名的人们能够免于遭受痛苦。

10.图腾动物能够保护和警告它的部落。

11.图腾动物能够对部落内的忠贞族人预言未来并作为他们的领导。

12.在图腾部落内的人民常深信他们和图腾动物之间乃是源自相同的祖先。

在讨论图腾与禁忌问题时，弗洛伊德将之与儿童和神经病患者相比较，因而能如弗洛伊德所说，在研究此问题的社会人类学及民俗学与精神分析学之间架起一座沟通的桥梁。

形成学派

> 个人的力量也许微不足道，但众人的力量却可以排山倒海。
> ——作者题记

弗洛伊德对人的心灵作出了独创的理解和说明，也开创了阵容庞大的精神分析学派和声势浩大的精神分析运动。他所建立的思想体系和学术组织，在他生前和死后都产生过分裂，但是，无论如何，所有精神分析的新发展，都是弗洛伊德思想的延伸，都是弗洛伊德事业的继续。

弗洛伊德在《自传》中曾经谈道，自从与布洛伊尔分手之后，在大约十年的时间里，一直处于学术上十分孤立的境地。不仅在维也纳学者们都回避他，而且在国外也没有人去注意他。他把神经症的病因看作是性的问题，把性的问题追溯到幼儿的性欲和童年的性经历，这使医学界十分反感和大加排斥。一些名流否定弗洛伊德学说的科学性，认为是虚构的童话，甚至有人谴责他是色情狂徒，是医学败类。在这段时间内，弗洛伊德只能从温暖的家庭生活和与少数朋友的来往中获得慰藉。但是，他并不为此感到气馁和沮丧，反而珍惜这样的时光，这给了他强烈的激励和更大的勇气，他加倍专心于自己的治疗实践和学术研究。后来，每当提起这段时间，他常自豪地称之为"光荣的孤立"。

到了1902年，弗洛伊德的处境似乎有了些转机，在这一年，他被任命为维也纳大学医学院神经心理学名誉副教授。为了获得这一职位，他颇费了一番周折。对于他来说，这个称号非常重要，因为副教授的地位更有利于他确立和推广他的精神分析学说。于是，弗洛伊德一边在自己的诊所工作，一边在维也纳大学医学院任教授课。在他的学生当中，有两位开业医生十分欣赏他开的课程。除此而外，还有两名开业医生也成了弗洛

← 弗洛伊德的工作室

伊德最早的追随者，其中包括后来赫赫有名的阿尔弗莱德·阿德勒。1902年秋，弗洛伊德采纳了其中一位的建议，给上述四人发出了明信片，邀请他们到他家来共同讨论精神分析的问题。从此以后，每逢星期三下午，他们便聚到弗洛伊德的候诊室，围着一张椭圆形的桌子，进行学术研讨。这就是后来闻名于世的"星期三讨论会"，也是维也纳精神分析学会的前身。

"星期三讨论会"从一开始就是一个自由的团体。参加讨论的每个人都有充分的自由，可以自由地参加活动，可以自由地发表见解。这无疑极大地推动了精神分析理论的发展和影响的扩大。

在瑞士的苏黎世，著名精神病学家尤金·布罗拉，以及他的助手卡尔·古斯塔夫·荣格等人，也对精神分析产生了兴趣。弗洛伊德的《梦的解析》一问世，荣格就曾阅读过，并认为这本书是灵感的源泉。1906年，弗洛伊德与荣格建立了通信联系，而且相互交换了他们各自的科学研究成果。1907年，弗洛伊德邀荣格在维也纳相见，荣格应邀来到了弗洛伊德的家中。他们一见如故，倾心长谈。荣格为这次会面而激动万分，弗洛伊德也对荣格另眼相看，他非常希望荣格能成为自己的精神分析事业的继承人。弗洛伊德亲切地称荣格为"我亲爱的儿子""继承人和皇太子"。

显然，精神分析的共同体在不断扩大，陆续有一些国家的学者加入。1908年是一个重要的年头，甚至有人认为，正是这一年标志着精神分析运动的形成。在这一年，定期于弗洛伊德的家中举行的"星期三讨论会"正式更名为"维也纳精神分析学会"，弗洛伊德当选为主席，奥托·兰克任秘书。学会决定收取会费，收集有关的科学文献，全体参加在萨尔斯堡举行的国际精神分析大会。同是在这一年，来自奥地利、瑞士、德国、英国、美国和匈牙利6个国家的42名学者齐聚萨尔斯堡，召开了第一次国际精神分析大会。会议未设主席和秘书，弗洛伊德等与会者宣读了论文，交流了各自的研究成果。会议决定，以后每

← 荣格

年举办一次国际精神分析大会，出版会刊《精神分析与精神病理研究年鉴》。显然，一切都表明，不但弗洛伊德走出了孤立，而且精神分析走出了奥地利的国界；精神分析运动不但开始有了自己的组织，而且也开始有了发表自己研究成果的"阵地"。

弗洛伊德逐渐成为国际知名的学者，他的学说逐渐广泛地流传于世界各地。1909年，应美国著名心理学家、美国克拉克大学校长斯坦利·霍尔的邀请，弗洛伊德、荣格、费伦茨和琼斯等精神分析学者赴美国克拉克大学进行学术讲演，庆祝克拉克大学建校20周年。一行人乘船前往美国，在船上，弗洛伊德偶然发现了一件让他兴奋的事情，一位船舱管理员在认真地阅读《日常生活的精神病理学》。他后来告诉琼斯，当他看到这情景时，他深受鼓舞，自信自己会闻名于世。

在克拉克大学，弗洛伊德分5次进行了讲演，介绍了精神分析学的基本原理及其实际应用。演讲受到了热烈的欢迎，演讲稿第二年在美国发表。在校庆典礼上，克拉克大学授予了弗洛伊德和荣格名誉博士学位，这使弗洛伊德心情激动，似乎就像是一场梦。他在致谢词中说："这是对我们的努力的第一次正式的承认。"

弗洛伊德还会见了许多美国著名的心理学家，其中包括美国实用主义哲学家、美国心理学的奠基人威廉·詹姆士。他们的相见和交谈给弗洛伊德留下了难以忘怀的印象。詹姆士在听完了弗洛伊德的讲演之后，曾对琼斯说："心理学的未来属于你们。"

对于这次访美讲学，弗洛伊德本人也给予了很高的评价。他后来在《自传》中谈道，当他走上克拉克大学的讲坛演讲时，他深深感到，精神分析不再是一种幻想，它已经成为现实。当他和他的精神分析在欧洲受到贬低和轻视的时候，在美国却受到了名流学者的承认和尊重，这一切都增添了弗洛伊德的自信。

弗洛伊德等精神分析学者的美国之行，为精神分析在美国的流行和发展奠定了基础。后来，希特勒上台执政后，大肆迫害精神分析学者，使他们大批逃往美国，精神分析的中心随之从欧洲转到了美国。后来，

←克拉克大学

人类心灵的洞察者　**弗洛伊德**

→奥地利精神分析学者阿德勒

行为主义和精神分析曾一度平分了美国心理学。这也许是弗洛伊德在世时未曾料到的。

随着精神分析运动的进一步扩展，1910年，在纽伦堡召开了第二次国际精神分析大会。这是精神分析发展史上的一个重要的里程碑。弗洛伊德认为，这次会议结束了精神分析运动的幼年时代。大会进行了学术交流，弗洛伊德在会上做了题为《精神分析治疗的未来展望》的报告。更为重要的是，大会决定成立"国际精神分析学会"的组织，并在各国设立分会。荣格当选为"国际精神分析学会"的第一任主席，并由他继续主编《精神分析与精神病理研究年鉴》。

这一结果引起了阿德勒等奥地利精神分析学者的不满。为了平息不满，弗洛伊德引退，不再担任"维也纳精神分析学会"主席，同时又创办了一个新的杂志《精神分析核心杂志》。阿德勒接替弗洛伊德担任了"维也纳精神分析学会"的主席，并担任了《精神分析

思想家卷　077

核心杂志》的主编。

纽伦堡大会的确是一个重要标志，它表明弗洛伊德所开创的事业不仅获得了学术上的承认，而且具有了组织上的保障。精神分析在学术界荡起了巨大的波澜，也在社会生活中荡起了巨大的波澜。显然，在纽伦堡大会之后，精神分析的发展有了两个特点。首先是弗洛伊德开拓的领域、提出的问题、创立的理论，极大地促进了他人的思考、探索、创新，学术研究十分活跃，各种理论层出不穷。这实际上也预示了精神分析后来在理论上和组织上的分裂。当然，表面上看起来，分裂不是一件好事，但实际上这也同样是精神分析的一种壮大，是精神分析研究的多样化。其次是精神分析不再局限于精神医学和心理学的领域，而且还向其他科学领域和社会生活渗透，成为举世瞩目的社会思潮。精神分析的学者把自己的触角伸向了社会生活的各个方面，教育学、社会学、人类学、宗教学、历史学、文学、艺术、美学、伦理学等学科中的许多学者也开始广泛地接受和运用精神分析的学说。

1911年，阿德勒另立门户，创立了个体心理学。1914年，荣格也另立门户，创立了分析心理学。他们的叛离，给了以弗洛伊德为代表的正统精神分析巨大的打击。弗洛伊德十分恼怒，拒不承认他们的学说属于精神分析，并将他们的退出称之为分裂主义运动。实际上，他们的学说从根本上来说是在弗洛伊德的影响下才发展起来的，他们都坚持了弗洛伊德创始的潜意识和动力论的思想，只不过进行了新的理解和改造。他们都不满于弗洛伊德对性本能、性能量、性压抑、性升华的强调，而提出了不同的主张。当然，他们的思想也反过来促进了弗洛伊德后期的理论变革，并进一步影响了精神分析的新发展。

阿德勒强调自卑心理和自我补偿，注重自我问题，学术界有人认为他是自我心理学的始祖。这也从一个方面导致弗洛伊德在后期转而重视对自我的探讨。弗洛伊德生前并没有完成这项工作，他还是偏重本我，自我只是奴仆，它没有自己的根基和能量。因而，弗洛伊德思想的自然延续就是自我心理学。通常认为，自我心理学的促进者是弗洛伊德的小女儿安娜·弗洛伊德，她详述了自我的防御机制；自我心理学的奠基者是哈特曼，他揭示了自我的根基和适应性功能；自我心理学的集大成者是埃里克森，他论证了自我的发展和自我同一性问题。自我心理学代表了正统精神分析的发展。

荣格强调人类种族的属性和经验，并通过它去理解和说明个体的心理行为和社会生活。不过，荣格把人类种族的属性和经验看作是沉淀于人类心灵深处，由遗传为个体所获得的集体潜意识，即原始的意象或原型。这也从一个方面导致弗洛伊德后期转而重视对社会文化的探讨。弗洛伊德的这项工作并不成功，他把本能和社会文化看作是背离的，进而用本能驱力去解释社会文化。这导致了许多精神分析学者对他的批判，结果从正统精神分析中分裂出了社会文化学派。霍妮、沙利文、卡丁纳、弗洛姆等人均引入社会文化因素大刀阔斧地改造精神分析，根据社会文化条件去说明人的潜意识和人格构成。

阿德勒和荣格的分裂，给弗洛伊德开创的事业带来

←弗洛伊德与女儿安娜·弗洛伊德

人类心灵的洞察者　**弗洛伊德**

了某种危机，出现了如何才能保证弗洛伊德学说的纯洁性、如何才能保证精神分析组织的凝聚力的问题。1913年，弗洛伊德的坚定追随者提议，成立一个秘密的守护委员会，以捍卫弗洛伊德的学说，反击离经叛道的行径，形成精神分析运动的核心，加强精神分析组织的领导。弗洛伊德赞同设立秘密守护委员会的想法，认为可以分担他的重任，保证未来的前途，指导精神分析运动的进一步发展。委员会最初由弗洛伊德、琼斯、费伦茨、亚伯拉罕、兰克和萨克斯组成，后来弗洛伊德又推荐了艾丁根加入。弗洛伊德把与自己手指上带的戒指相同的其他6枚戒指发给了委员会的每个成员，他们互相通信，每两年聚会一次，必要的话可随时增加聚会次数。

委员会成立之后，在十余年的时间里，一直都尽职、尽责、顺利、圆满地履

→ 弗洛伊德与两个儿子的合影

思想家卷　081

行了自己的历史使命,弗洛伊德对委员会所起的作用也非常满意。委员会的成员陆续有所增加和减少,例如弗洛伊德的小女儿安娜·弗洛伊德的加入。1923年,兰克和费伦茨背着委员会的大多数成员,撰写出版了《精神分析学的发展》,使弗洛伊德及委员会其他成员感到不满的是,这本书在出版前未征求过他们的意见,而且全书的观点明显背离了弗洛伊德的正统观点。弗洛伊德想通过内部讨论来解决矛盾和分歧,但未能实现,兰克和费伦茨相继退出。1927年,于奥地利举行的第十次国际精神分析大会之后,委员会的成员同时成了国际精神分析学会的领导核心,委员会便不再作为一个组织而存在。

尽管经历了无数的艰辛和曲折,精神分析终于发展成为世界性的运动。即使在1914年至1918年的第一次世界大战期间,国际精神分析学会既没有遭到破坏,也没有停止活动。战争结束后,精神分析运动得到了更加迅速地壮大,它的影响也日益扩展和深入。1920年之后,国际精神分析学会在欧美的许多国家和地区建立了"精神分析训练研究中心",以系统培训大批的精神分析工作者。在奥地利维也纳还成立了"国际精神分析学出版社",该出版社发行多种精神分析学的杂志,出版了大批精神分析学的书籍,为推动精神分析的传播作出了巨大的贡献。

相关链接

解读《性学三论》

《性学三论》于1905年发表，它是弗洛伊德对人性了解最具创意、最永恒的贡献之一，其革命性与重要性足以与《梦的解析》等量齐观。在本书中弗氏道出了对人性与人类行为动机的主要看法。

该论文分三个阶段，分别解释人类"幼儿性行为、性本能、性变态"。

《性学三论》之《少女杜拉的故事》通过治疗一个患歇斯底里症的病历，论证幼儿性行为观点，阐述器官性行为与精神上的关系，得出潜意识中的幻想是歇斯底里症直接致病因素，而潜意识幻想多半内容是有关性方面的，就此进一步推论其产生演变过程追溯到童年时代的性动力。

《性学三论》之《性本能》论证潜意识与性动力之间存在重要联系，他的"性学"概念集生理学、解剖学、心理学、病理学的综合理论体系，而他的精神分析体系居于关键地位，因此与当时国际精神病分析协会专家阿德勒、荣格等人产生根本性分歧乃至决裂。

　　《性学三论》之《性变态》论证"性"心理的某一特定因素不协调、膨胀造成精神性疾病，"性"心理因素逃脱意识的控制而宣泄的结果，也是未经正常意识心理加工改造的最原始性动力暴露，并通过精神分析和强制治疗中获得各种"性变态"症状。他阐述各种心理疾病的推动力量都以"性"本能为根基。

　　弗洛伊德透过精神分析的技巧，运用治疗病人的实际资料，对性的问题作了一番有系统的分析、研究，并阐明了他的性学学说。他把性的问题分为性的对象、性的目的、性的表现方法等几个方向来探讨，大胆开辟了性研究的新领域，并且强调在学校加强儿童的性知识、性观念的教育，提出了许多至今仍值得我们借鉴的精辟见解。

人类心灵的洞察者　**弗洛伊德**

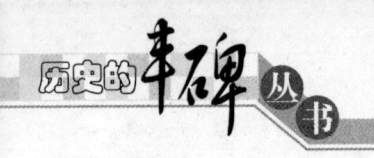

生命余晖

> 一个使生命燃烧得如此光彩的人，
> 会把自己的身影留给他所照亮的世界。
> ——作者题记

由于执着地努力和奋斗，弗洛伊德终于从孤独走向了辉煌，从默默无闻到有了赫赫声名。尽管他所开创的精神分析学说仍然经常受到批评和非议，他所发起的精神分析运动仍然经常受到困扰和排挤，但这一切都已经阻挡不住他的声名和脚步。他的著作被翻译成了各种文字，他的弟子遍布于世界各地，越来越多的人研究他的学说，越来越多的人运用他的思想。无论对其采取一种什么样的态度，人们已无法回避他和他的精神分析的存在和影响。

弗洛伊德的贡献开始得到了广泛的承认。他曾不止一次地被提名为诺贝尔奖的候选人，他自己为此而谈道："我已经两次看见诺贝尔奖从我面前闪过，但我知道，这种官式的承认根本不适合我的生活方式。"1930年，由于弗洛伊德对文学事业的特殊贡献，他被德国的歌德协会授予了歌德文学奖。弗洛伊德委托他的小女儿安娜·弗洛伊德去法兰克福接受颁奖，受到了市民的欢迎。弗洛伊德没有得到诺贝尔医学奖，而得到了歌德文学奖，这也许说明了精神分析在科学界获取的地位不如它在文学界和思想界获取的地位。

在人类黑暗的潜意识王国之中，弗洛伊德点起了一盏明灯，这使他在晚年享有了盛誉。

1921年，弗洛伊德65岁寿辰，守护委员会的成员请雕塑家为他塑了半身像，送给他作为贺礼。这实际上意味着弗洛伊德已开始成为人们崇拜的对象。西方人逐渐认识到了他对人类思想进程的推动。1926年，弗洛伊德70岁寿辰，奥地利科学院、奥地利医学会和

→弗洛伊德夫妇的银婚纪念照

维也纳大学等官方学术机构对此保持了沉默（实际上在1919年，弗洛伊德已被提升为维也纳大学医学院的名誉教授），然而，仍有许许多多的人为他祝寿。他的家中摆满了人们送来的鲜花。从世界各地寄来了大量贺信，拍来了许多电报，馈赠了各种礼物。他的学生为他捐献了基金，以支持他的事业。奥地利和德国的许多著名报刊都出专文庆祝他的成就。

也许让弗洛伊德最难忘的是他的80岁寿辰。在连续6个星期中，他收到了从世界各地纷纷寄来的贺信和发来的贺电，弗洛伊德非常高兴地收到了著名物理学家爱因斯坦的贺信。他们早在1926年就曾见过面。那一年，弗洛伊德夫妇到德国柏林看望儿子和孙子，在柏林，他与爱因斯坦相聚谈了两个小时。两位思想巨人各向对方介绍了自己的研究发现。后来，他们还通信探讨过人类为什么会有战争，笔谈交换了各自对战争的看法和态度，显示了对人类的博爱之心。在弗洛伊德80华诞到来之际，爱因斯坦在贺信中写道："我感到高兴的是，我们这一代人有机会向您这位伟大的导师表示敬意和感激。毫无疑问，您使那些具有怀疑思想的门外汉轻而易举地获得了独立的判断。直到最近，我还只能理解您的思路中的思辨力量，以及这一思想给这个时代的世

← 托马斯·曼

界观所带来的巨大影响。"

德国著名作家托马斯·曼为弗洛伊德80岁寿辰起草了贺信，并得到了罗曼·罗兰等全世界最杰出的191名作家和艺术家的签名。贺信写道："西格蒙德·弗洛伊德80寿辰，使我们有了一个盼望已久的机会，来向这位人类深刻知识的新领域的开拓者表示衷心的祝贺和崇高的敬意。作为一名医生和心理学家，作为一位哲学家和艺术家，这个无所畏惧的预言者和治疗者在整整两代人之间，一直是我们探索人类灵魂未知领域的向导……他的探索和发现成倍地扩大了精神研究的范围，甚至连他的反对者们也由于从他那里受到了创造性的启发而对他表示感激。即使他的研究成果在将来会得到修改和改造，他向人类提出的问题将永远不会被窒息，他对人类知识的贡献也永远不会被否认和磨灭。他所建立的概念和他用来表达它们的词汇，已经成为日常语言的一部分，得到了自然而然的运用。他的成就已经在人文科学的所有领域中留下了深刻的印记，这些领域包括文学艺术研究、宗教演变史、史前史、神话学、民俗学、教育学以及美学。我们可以肯定，如果世间有什么行动可以被永远记住的话，那就是他对人类心灵的洞察。"

弗洛伊德晚年名扬四海，从善如流，但是他也饱受病痛之苦，饱尝离乡之愁。弗洛伊德有抽雪茄烟的习惯，有时一天抽20支。在他过了60岁之后，就有了口腔癌的最初症候，下颚经常颤抖和发痛。1923年，弗洛伊德67岁时，他口腔中的右颚长出了肿块，经诊断为癌症。他做了第一次手术，切除了肿瘤。但是，术后出血严重，伤口愈合不好，而且疼痛难忍。没过多久，患部又长出了肿瘤，而且还有扩展。他又做了更大的手术，手术去除了部分腭骨，安装了假颚。从此，弗洛伊德病魔缠身，再没有摆脱开病痛折磨。直到去世，他先后动过大大小小33次手术，以清除不断长出的肿瘤。接连不断的手术，假颚带来的不便，口腔疼痛的刺激，都使弗洛伊德的身体状况逐步恶化，他开始出现心绞痛，得了消化系统疾病，经常感冒发烧。他的小女儿安娜·弗洛伊德一直陪伴和护理他。弗洛伊德的患者和学生、法国的一位公主玛丽·波拿巴推荐维也纳名医迈克斯·舒尔当了弗洛伊德的私人医生。此后，舒尔一直负责对弗洛伊德的治疗工作。舒尔和安娜成了弗洛伊德健康的守护者，正是他们的精心治疗和周到护理，才大大地延长了弗洛伊德的寿命。

尽管弗洛伊德身受巨大病痛的折磨，但他却显示了惊人的意志力量。也许是意识到所剩的时间不多了，他拼命地工作，力争在有生之年把精神分析事业推向前进。多次的手术，影响了弗洛伊德的听力和说话，可他仍然坚持接待患者，他忍受着躯体上的痛苦，为患者解除精神上的痛苦。他继续自己的研究和写作，特别着重于运用精神分析的理论来考察宗教、战争、文学、伦理、美学、文明等，大量的著作纷纷问世。他还不断地加强对精神分析运动的指导。他因病不再参加国际精神分析学会的大会，但却每每提交论文和提供意见。人们惊奇：一位体弱病重的老人，仍能具有如此顽强的生命力，仍能取得这样大量的成果，仍能屹立自己坚定的身躯，仍

→弗洛伊德与女儿安娜·弗洛伊德

← 弗洛伊德

能放射如此耀眼的光芒。

欧洲大陆从1933年起，又笼罩在了一片阴云之中。在这一年，希特勒掌握了德国的政权，开始推行法西斯的暴力统治。希特勒上台后，疯狂地蔑视和挑战人类文明，残酷地迫害和灭绝犹太种族。1933年，弗洛伊德的书在德国被宣布为禁书。1933年5月10日，5000名佩带纳粹标志的学生，在柏林歌剧院门前焚烧了2000本书，其中包括爱因斯坦和弗洛伊德的著作。弗洛伊德听到他的书被化为灰烬时说："我们的进步有多么大！要是在中世纪，他们会把我烧死的。在今天，他们只烧掉我的书就满足了。"纳粹德国的行径，使大批精神分析学家纷纷逃离了德国。

这股反犹主义的浪潮也涌进了奥地利，有人劝弗洛伊德前往瑞士，但他坚持留在维也纳。他在给玛丽·波拿巴的信中写道："人们担心德国的种族主义狂热会波及我们这个小小的国家，已经有人劝我逃往瑞士，但那是毫无意义的，我不相信这里有危险。如果他们把我杀了，那也好，这不过是和平凡地死去一样，没有什么了不起。"

但是，情况很快就发生了重大的改变。1938年，德国入侵奥地利，将奥地利并入德国版图。奥地利的纳粹分子也猖狂起来，危险临近了。琼斯从英国赶来，劝说弗洛伊德离开奥地利。他对弗洛伊德说："在这个世界上，你并不孤立。你的生命对许多人来说是很珍贵的。"弗洛伊德还是不愿意走往他乡。很快，弗洛伊德的家遭到了纳粹党徒的搜查，他的小女儿安娜遭到了逮捕。他终于下定了决心，离开奥地利前往英国。经琼斯的奔走，英国皇家学会出面，英国政府同意并欢迎弗洛伊德及其亲属入境。然而，为了使纳粹政权放行却颇费了一番周折。琼斯通过美国驻法国大使的活动，取得了美国总统罗斯福的支持。罗斯福让国务卿转告美国驻维也纳临时代办尽全力帮助弗洛伊德一家离境。玛丽·波拿巴公主也通过各种关系进行争取，并为弗洛伊德支付了大笔的赎金。纳粹政权终于同意弗洛伊德离境。

弗洛伊德走前,维也纳精神分析学会召开了最后一次会议,决定让所有的学会成员尽可能逃离奥地利。弗洛伊德曾为这段时光哀叹,他给他在英国伦敦的儿子写的信中谈道:"在这黑暗的日子里,我们的面前只有两件值得高兴的事情——同大家生活在一起和在自由中死去。"

弗洛伊德最后踏上了他犹太祖先的流浪道路,在晚年过起了背井离乡的生活,而他要去的就是他从小就梦寐以求的地方——英国。弗洛伊德心情沉痛地离开了他生活了将近八十年的维也纳,他也许意识到了,

← 抱着孩子的弗洛伊德

人类心灵的洞察者　**弗洛伊德**

他此生将不会再回到他的故乡。

1938年6月，弗洛伊德一家启程，途经法国巴黎，到达英国伦敦。英国的各界人士给予他热烈的欢迎和热情的关照。弗洛伊德收到了许多慰问信和电报，有的在信封上只写着"伦敦弗洛伊德"几个字，但也能准确无误地送到弗洛伊德的住处。美国的一个城市以"全体市民"的名义，拍电报邀请弗洛伊德去那里安家。这一切都使弗洛伊德深受感动，使他体会到自己并不是孤立的。

许多社会名流、著名科学家、精神分析学者纷纷拜访弗洛伊德。英国国王也亲自登门问候。英国皇家学会的3名秘书还带来了英国皇家学会自1660年创立以来世世代代相传的珍贵纪念册，请弗洛伊德在纪念册上签名。当弗洛伊德签名的时候，他心情十分激动，手有些颤抖，因为他知道，在这个纪念册上，有伟大的科学家牛顿和达尔文的签名。

→ 癌症把弗洛伊德折磨得孱弱不堪

弗洛伊德的口腔癌不断恶化，英国医学界尽了全力进行救治。弗洛伊德没有放弃他生命的最后一息，完成了《摩西与一神教》一书的写作。然而，他已无力完成《精神分析纲要》一书的写作了。

1939年9月，弗洛伊德病情加重，难以进食，极为痛苦，治疗已无济于事。几年前，弗洛伊德曾与私人医生舒尔约定，当死亡来临时，不要让他受不必要的痛苦。9月21日，弗洛伊德对舒尔提起了先前的约定，他说："你答应过我，如果我无法坚持活下去的话，你将尽力帮忙。现在我万分痛苦，这样继续下去是毫无意义的。"显然，弗洛伊德希望能安详地死去。舒尔很理解他的心情，紧紧地握了握他的手，答应采取措施减轻他的痛苦，并将他们的谈话转告弗洛伊德的女儿安娜。随后，舒尔给弗洛伊德用了吗啡，弗洛伊德静静地睡去。

1939年9月23日，弗洛伊德的心脏停止了跳动，享年83岁。9月26日，弗洛伊德的遗体在伦敦的哥尔德草地火葬场火化。琼斯致悼词，许许多多的吊唁者参加了火化仪式。

弗洛伊德不平凡的一生结束了，而他的思想和精神财富却留给了后人。

2008年，一块新诺贝尔医学奖奖章追授给弗洛伊德，证书上写道："2008年新诺贝尔医学奖追授给奥地利精神科医生西格蒙德·弗洛伊德（Sigmund Freud）。弗洛伊德终生从事著作和临床治疗，他创立的精神分析理论是现代心理学的奠基石，它的影响远远超出临床心理学领域，对于整个心理科学乃至西方人文科学的各个领域均有深远的影响，它的影响可与达尔文的进化论相提并论。"

2008年"新诺贝尔生理或医学奖"得主：西格蒙德 弗洛伊德

相关链接

弗洛伊德的人格发展理论

他将人的性心理发展分为五个阶段：

（1）口腔期（0—18个月），性本能通过口腔活动得到满足，如咀嚼、吸吮或咬东西。若母亲对婴儿的口腔活动不加限制，儿童长大后的性格将倾向于开放、慷慨及乐观；若其口腔需要受到挫折，则未来性格发展可能偏向悲观、依赖和退缩。

（2）肛门期（18—36个月），随着成熟，婴儿获得了依照自己的意愿大小便的能力。按自己的意志大小便是满足婴儿性本能的最主要的方式。但这一时期也正是成人对婴儿进行大小便训练的时期，要求婴儿在找到适当的场所之前必须忍住排泄的欲望，这与婴儿的本能产生了冲突。弗洛伊德认为，母亲在训练婴儿大小便时的情绪气氛对其未来人格发展影响重大。过分严格的训练可能会形成顽固、吝啬的性格；而过于宽松又可能形成浪费的习性。

（3）性器期（3—6岁），这一时期的儿童开始对自己的性器官产生兴趣，性器官成为全身最敏感的部位，儿童常以抚摸性器官获得快感。弗洛伊德认为，这一时期的儿童都会产生想与异性父母有性爱关系的欲望，即所谓恋母情结或恋父情结。在正常发展的情况下，恋母情结或恋父情结会通过儿童对同性父母的认同，吸取他们的行为、态度和特质进而发展出相应的性别角色而获得解决。

（4）潜伏期（6—11岁），这个阶段，儿童的性本能是相当安静的，有关性的和侵犯的幻想大部分都潜伏起来，埋藏在无意识当中。性器期时性的创伤已被遗忘，一切危险的冲动和幻想都潜伏起来，儿童不再受到它们的干扰。儿童可以自由地将能量消耗在为社会所接受的具体活动当中去，如运动、游戏和智力活动等。

（5）生殖期，一般女孩于11岁开始，男孩于13岁开始。随着生殖系统逐渐成熟，性激素分泌的增多，性本能复苏，其目的是经由两性关系实现生育。这一时期的心理能量主要投注在形成友谊、示爱及结婚等活动中，以完成生儿育女的终极目标，使成熟的性本能得到满足。

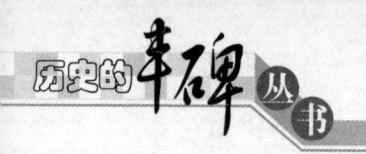

思想震荡

> 思想可以索然无味，也可以魅力无穷。
>
> ——作者题记

弗洛伊德的精神分析学说经历了风风雨雨的磨难，有人把它捧到了天上，有人把它踩在了脚底。但无论如何，任何人都否认不了这一学说对人类思想产生的冲击和对西方文明产生的影响。弗洛伊德的学说包含着3个层次的内容：首先是精神医学的层次，其次是心理科学的层次，再次是社会思潮的层次。那么，弗洛伊德思想引起的震荡也主要体现在这3个层面上。

弗洛伊德的学说就产生于对精神疾病的治疗，所以，它对精神医学的发展产生了重要的影响。

第一，精神分析探索了精神疾病的心理根源。历史上对精神疾病的病因有过不同的看法。最早是把精神疾病看作是上帝的惩罚，是魔鬼附体，流行的说法是："上帝叫你灭亡，首先叫你疯狂。"正因为如此，精神病人受到了非人的待遇，他们被囚禁在教堂的地下室里，遭受严刑拷打，甚至被活活烧死。随着近代自然科学的发展，特别是解剖学和生理学的进步，精神医学把精神疾病的病因主要看作是神经系统的解剖病变和功能紊乱。这使许多神经病理学和精神病学的

→晚年的弗洛伊德

专家热衷于解剖精神病人死后的大脑，以期发现脑部的器质性病灶。这使对精神疾病患者的治疗，主要依赖于物理和化学的疗法。例如进行电击治疗和服用化学药物。精神分析的诞生，则促使精神医学转向于着重探索精神疾病的心理根源，挖掘出患者潜意识中的致病因素，开创了心理治疗的方法和技术。这被认为是对精神医学的革命性的贡献，促进了精神医学的飞跃性发展。

第二，精神分析提供了对精神疾病症状的理论解释。早期的临床精神病学偏重对精神疾病的各种症状进行观察，以区分出各类不同的精神疾病，进而提供相应的治疗方案。这称之为"描述精神病学"，主要问题在于缺少对各类精神疾病的系统而合理的解释。精神分析的贡献则在于，它对许多离奇古怪的精神疾病症状，作出了系统的理论解释，加深了对精神疾病的理解。例如对癔症的各种症状，精神分析学说认为与童年期所遭遇的和与性有关的精神创伤有密切联系，是潜意识中受到压抑的心理能量的迂回释放。显然，精神分析的概念和假说，对临床精神病学的研究具有重要的参考价值。

第三，精神分析启动了心身医学的诞生和发展。最早的心身疾病的概念就建立在精神分析学说的基础之上。心身疾病是指由心理原因引起的身体疾病。而潜意识的心理冲突可以导致各种身体疾病，如高血压、消化性溃疡、支气管哮喘等。目前，心身医学已发展成为现代医学的一个重要分支，弗洛伊德学说的贡献是不可磨灭的。

在西方现代心理学中，弗洛伊德的精神分析是从外部闯入的，但却有力地推动了西方现代心理学的发展。西方心理学的主流可称之为正统心理学或学院心理学，其基本概念和研究方法是在学院的学术机构中和实验室里建立和发展起来的。弗洛伊德的精神分析则是在西方主流心理学之外发展起来的，是来自于精神疾病的治疗实践，曾经一度被学院心理学排斥在圈外，根本不承认其作为心理学体系的地位。但在数十年的时间里，精神分析学说逐渐在心理学界立住了脚。在第二次世界大战结束后不久的一段时间里，精神分析还曾与行为主义并立为西方现代心理学的两大思潮。显然，弗洛伊德开创的事业也对西方现代心理学的发展产生了重要的影响。

第一，精神分析拓宽了心理学的研究领域，加深了对心理学研究对象的认识。传统的学院心理学致力于对正常人的一般的心理活动规律的研究，着眼于适合进行实验研究的心理现象。这使之排斥了人类心理

的许多重要的方面。弗洛伊德则开创性地研究了历来被正统心理学家所忽视的领域,大大丰富了心理学的研究。例如,弗洛伊德提示给主流心理学家的有人性、动机、压抑、移情、梦、过失、童年期经验、性心理、变态心理等一系列问题。这些问题后来都引起了许多心理学家的关注。传统的学院心理学早期探索的是意识,后来则转向探索行为;弗洛伊德的精神分析则深入到了潜意识,转而又重视揭示人格,这都大大加深了对心理学研究对象的认识。

　　第二,精神分析促进了心理学的应用研究,改进了心理学的学科功能。传统的学院心理学长期囿留在象牙塔中,重基础研究,轻应用研究。这使心理学远离社会生活,大大限制了心理学的发展速度。弗洛伊德的精神分析直接产生于精神疾病的治疗实践,偏重

←弗洛伊德与小女儿安娜

心理学的应用。例如，正是在精神分析的刺激下，导致了临床心理学的兴起，把目标放在了人类心理的改善和改造上。这使应用研究受到了重视，也有效地更新了心理学的面貌。

第三，精神分析丰富了心理学的研究手段。传统的学院心理学注重实验室的研究，以实验方法为核心。这在研究中受到了许多困扰，如分解和固定了人的完整和动态的心理。弗洛伊德的精神分析开创的个案研究法、临床观察法、心理治疗法，充实了心理学的研究方法。这使心理学的研究更注重整体的人、整体的心理。

第四，精神分析还广泛地渗透到了心理学的许多分支学科当中，对人格心理学、动机心理学、发展心理学、社会心理学、变态心理学、犯罪心理学、文艺心理学、创造心理学等重要分支学科造成了深远的影响。例如，弗洛伊德是动机心理学的重要开创者，他揭示了潜意识的动机，探讨了动机的冲突，这刺激了后来的一系列研究。弗洛伊德对心理发展的研究重视童年期生活史，关注儿童性欲和性心理发展，都极大地推动了有关的研究。

弗洛伊德的精神分析学说构成了思考人类本性和命运的特殊视角，在人类生活的各个领域激起了巨大的反响，被人们看作是影响深远的社会思潮。

弗洛伊德的学说产生和发展于19世纪末和20世纪初，也正是在这个时期，崛起了西方现代主义文艺运动，并在20世纪头50年中席卷了西方文学艺术领域。裹挟在这一大潮中的有大大小小许多派别，如象征主义、表现主义、未来主义、超现实主义、意识流小说、存在主义文学、荒诞派戏剧、黑色幽默、新小说派等。西方现代主义或现代派文艺具有明显的反叛传统的特征，是对传统的价值观念和生存方式、对传统的文艺思想和文艺形式的猛烈冲击。西方现代派文艺还具有明显的崇尚主观表现和信奉非理性主义的特征，强调内心的实在，去直接表现和展示人的心理，试图摆脱理性的束缚，去直接放纵和暴露非理性的东西。

弗洛伊德的学说以其对人的心理的揭示、对人的潜意识的挖掘、对人的性本能的渲染和对个人与社会相对立的鼓吹，而为现代派文学艺术家所注重，使之会同叔本华、尼采、柏格森

← 叔本华

人类心灵的洞察者　弗洛伊德

→尼采

等人的学说一道成了现代派的思想基础。其实，弗洛伊德本人的美学思想和文艺批评方法本身就在西方文坛上确立了不可动摇的地位。弗洛伊德的学说在精神病学界和心理学界还遭受许多人排斥的时候，就已在文学艺术界开始广泛流传，并产生了越来越大的影响。现代主义的大多数流派和作家都或多或少地打上了弗洛伊德的印迹。

弗洛伊德的影响主要体现在文艺创作和文艺批评两大方面。

第一，弗洛伊德的学说对西方现代文学艺术创作的影响十分重大，不仅仅影响到了许多现代派作家，而且也影响到了一些现实主义作家。不仅仅影响到了许多作品的内容，使本能的人替代了理性的人，使梦幻替代了现实，使丑恶替代了美好；而且也影响到了一些作家的创作方式，使之努力摆脱理性的束缚，追求潜意识的自我表现，从而强化了作家内心与作品的联系。例如，西方现代主义文艺流派中，受弗洛伊德影响最大的为超现实主义。超现实主义以精神解放、

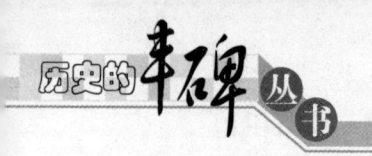

思想自由为根本，崇尚潜意识、梦幻、直觉。超现实主义者主张潜意识应跳出自己的囚笼，使人达到精神上的解放。他们紧紧抓住梦境和幻觉，力图依此去摆脱理智的束缚，发掘和表现潜意识。

第二，弗洛伊德的精神分析对西方现代文艺批评产生的影响要更为直接。弗洛伊德本人在创立和发展自己的学说时，便涉足了对文学艺术家、文学艺术品、文学艺术现象的分析。关于作品，精神分析批评从弗洛伊德开始就努力去挖掘文艺作品中的精神分析的主题，最为著名的主题就是伊狄普斯情结。这对后来的精神分析批评家影响特别大，致使许多人在作品中去搜寻儿童性欲和家庭乱伦的内容。关于作者，精神分析批评也着力于分析作家的深层潜意识的创作动机、作家的童年期经历和作家的人格构成。这大大地影响了对作家的传记性研究。精神分析批评派常常根据作家的心理生活去解释作品主题的选择和内容的表达。

弗洛伊德的精神分析也成为西方现代各个哲学流派无法忽视的思想理论。思想家们或者研究它所提出的课题，或者吸收它的某些内容，或者接受它的基本立场。例如，弗洛伊德学说对西方马克思主义便产生了重要的影响。弗洛伊德的马克思主义成为西方马克思主义中的一个传播广泛和影响深远的派别。弗洛伊德的马克思主义是来自两方面的努力。西方马克思主义的理论家是从"马克思主义"走向弗洛伊德主义，是通过弗洛伊德的精神分析来改造西方马克思主义。新弗洛伊德主义的理论家则是从精神分析学走向"马克思主义"的，他们致力于用"马克思主义"改造精神分析。弗洛伊德的马克思主义力图把弗洛伊德学说和马克思学说结合起来，即把本能动力与社会历史结合起来，把性格结构与社会结构结合起来，把心理革命与社会革命结合起来。

　　弗洛伊德的马克思主义者认为，马克思强调社会历史、经济生产的作用，而忽视了个人的心理因素；弗洛伊德则强调生物本能、心理结构的作用，而忽视了文化历史和社会结构。这两种学说可以相互补充。他们认为，弗洛伊德的本能论缺少社会历史发展的环节，因此无法说明本能在不同社会情境中的表现及随社会历史发展而产生的变化。马克思的历史唯物论则缺乏个体本能作为内在驱力的环节，因此无法说明社会历史发展与个体之间的关系。所以，必须把本能动力与社会历史结合起来。他们以为，弗洛伊德对心理结构的说明缺少社会决定的形态，因而带有虚构的性质，无法真正揭示人在特定社会条件下的内心构成。马克思有关社会存在决定社会意识的思想则缺少心理结构的中介作用，因而并不能说明社会存在是怎样转化为社会意识的，也不能说明社会意识形态的相对独立性和反作用。所以必须把心理结构与社会结构结合起来。他们认为，弗洛伊德局限于个体，强调的是对现实社会的适应，因而并不能给大多数人带来真正的健康和幸福。他们从这里转向了马克思关于社会革命的思想，认为要消除病态的心理，必须要消除造成病态心理的病态社会条件。马克思则局限于宏观的社会，

←弗洛伊德

强调的是经济和政治上的解放，因而缺少心理上的根据，忽视了心理变革的作用和意义。所以心理革命与社会革命应结合在一起。

从弗洛伊德学说的3个层次的内容，可以看到两个表面上似乎相悖的情形。一是随着这一学说从精神疾病的治疗领域进入到心理学领域和社会文化领域，它的影响越来越广泛和越来越大。二是随着这个进展，它的不足和失误也越来越多和越来越明显。实际上，这两种情形是相吻合的。因为精神分析涉及了人的心理深层和动力根源，它必然在与人有关的各个领域引起巨大反响。但同时，当精神分析离开了它由之产生的领域，它就很容易失去确切的含义，变得在许多方面模棱两可和似是而非。

弗洛伊德学说的思想之庞杂、流传之广泛、影响之深远、争议之悬殊，都是非常独特的。在我国改革开放之后，也曾出现了一股迟到的弗洛伊德"热"，弗洛伊德的学说不仅风靡于人文社会科学界，而且流传于普通百姓特别是青年学生之中。但是，这种"热"带有明显的自发性和盲目性。这无疑给国内的学术界提出了一个重要的任务，那就是进行全面的考察、准确的介绍、深入的研究和合理的评价。

弗洛伊德学说一问世，就曾引起过激烈的争论。

← 弗洛伊德和精神协会会员在一起

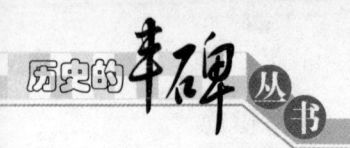

称赞、支持、拜倒者有之，怀疑、斥责、反对者也有之。看法差距悬殊，观点各不相同。弗洛伊德本人曾谈到过，他所创立的精神分析是科学思想史中的第三次革命。第一次是哥白尼的宇宙学革命，使地心说改变为日心说；第二次是达尔文的生物学革命，使创世说改变为进化说；第三次则是弗洛伊德的心理学革命，使意识说改变为潜意识说。有人认为，爱因斯坦、马克思和弗洛伊德是现代的3位最伟大的设计师和犹太裔思想家。爱因斯坦是试图为自然世界立法，马克思是试图为人类社会立法，而弗洛伊德是试图为心灵王国立法。反过来看，弗洛伊德学说也受到过世人和学界的批判和抛弃。弗洛伊德本人便承认，精神分析有

人类心灵的洞察者　**弗洛伊德**

在1931年奥斯卡·雷蒙描绘弗洛伊德

两点最触怒全人类。一是强调潜意识，违背了人类对理性权威的信仰；二是强调性本能，违背了人类对自身道德品性的尊重。有许多人把精神分析看作是伪科学，是胡说八道，是思想垃圾。

实际上，弗洛伊德学说的真正价值，也许在于提出了问题，而不在于解决了问题；也许在于激发了后人的思考，而不在于提供了现成的结论。

随着科学的发展和文明的进步，人类正在逐步揭开各种未知的奥秘。这包括宇宙天体之谜，自然物理之谜，生物进化之谜，最后则是人类心理之谜。

弗洛伊德的一生告诉了我们，探索人类的心灵需要艰苦的努力。科学的创新是一条布满荆棘的道路，即使是全力以赴地跋涉，也不一定能达到光辉的顶点。弗洛伊德放弃了享受的轻松，选择了创造的艰辛，这也许正是他的伟大之处。

←弗洛伊德

相关链接

弗洛伊德年表

1856年6月5日生于（现属捷克的）摩拉维亚州弗莱堡。

1873年以优异的成绩毕业于施帕尔中学。秋考进维也纳大学医学院。

1881年获得医学博士学位。

1883年5月，进梅涅特负责的精神病科工作。

1884年1月，进神经科。7月，发表有关可卡因的论文。

1895年与布洛伊尔合著出版了《癔症研究》。

1900年《梦的解析》问世。

1904年出版《日常生活中的心理病理学》。

1905年出版《玩笑及其与无意识的关系》《多拉的分析》和《性学三论》。

1909年9月，应美国马萨诸塞州伍斯特市克拉克大学校长霍尔的邀请，与荣格等前去参加该校二十周年校庆活动，并做了精神分析学方面的系列演讲。自此，精神分析学在美国开始产生影响。

1910年写《列奥纳多·达·芬奇和他对童年时代的一次回忆》。

1913年在慕尼黑召开第四届国际精神分析大会。《图腾与禁忌》出版。

1916年《精神分析引论》出版。

1923年4月,上颚发现肿瘤,做首次手术。发表《自我与伊德》,提出新的人格理论。

1925年撰写《自传》。

1927年出版《幻觉的未来》。在因斯布鲁克召开第十届国际精神分析学大会。

1930年荣获歌德文学奖,因健康等原因,由女儿安娜·弗洛伊德前往法兰克福参加授奖仪式。

1932年著《精神分析引论新编》。在威斯巴顿召开第十二届国际精神分析学大会。

1935年当选为英国皇家学会通讯会员。

1938年3月,纳粹入侵奥地利,"国际精神分析出版公司"财产被全部查封。6月,在欧内斯特·琼斯等人帮助下克服重重障碍,离开维也纳前往英国伦敦。9月,接受最后一次手术治疗。

1939年83岁,3月,《摩西与一神教》出版。9月23日,在伦敦去世。